Eberhard Fromm

Arthur Schopenhauer

Arthur Schopenhauer
Gemälde von Ludwig Sigismund Ruhl, um 1815
Stadt- und Universitätsbibliothek
Frankfurt am Main

Eberhard Fromm

Arthur Schopenhauer

Vordenker des Pessimismus

Dietz Verlag Berlin

Foto auf Seite 2:
Sächsische Landesbibliothek Dresden.
Abt. Deutsche Fotothek

Fromm, Eberhard: Arthur Schopenhauer :
Vordenker d. Pessimismus / Eberhard Fromm. –
Berlin : Dietz Verl. GmbH, 1991. –
281 S. : 1 Abb. : Personenreg.

ISBN 3-320-01603-2

LSV 0119
Lektor: Eva Dorst
Typograph: Felicitas Schnatmann
Einband und Schutzumschlag:
Harald Larisch
Satz: Druckzentrum Berlin GmbH
Druck und Bindearbeit:
Leipziger Druck und Buchbinderei GmbH

Ist wieder Schopenhauer-Zeit?

Die Ideen eines Denkers, der die Bezeichnung Philosoph zu Recht trägt, wirken nicht nur über Jahre oder Jahrzehnte; sie behalten Bedeutung über lange Zeitetappen. Von großen Philosophen sprechen wir dann, wenn ihre Gedanken der Menschheit – über die Zeit hinweg – immer wieder etwas zu sagen haben.

Und doch gibt es in der Geistesgeschichte keine einfache Kontinuität, kein lineares Fortwirken von Ideen. Aristoteles existierte einige Jahrhunderte für die Mehrzahl der Menschen nicht, Spinoza wurde »vergessen«, und Hegel war für viele schon kurz nach seinem Tode ein »toter Hund«. Offensichtlich gibt es so etwas wie gute und schlechte Zeiten für einen Denker: Zeiten und Umstände, in denen seine Ideen nicht gefragt sind, aber auch Hoch-Zeiten seiner Wirkung.

Arthur Schopenhauer mußte diese Erfahrung bereits zu seinen Lebzeiten machen, durchlitt er doch sowohl das Im-Abseits-Stehen als auch die Popularität des in Mode geratenen Philosophen. Dieses Auf und Ab kann seither immer wieder an der Rezeption des Werkes und an der Wirkung beobachtet werden.

Seit den siebziger Jahren unseres Jahrhunderts hat der

Einfluß Schopenhauers auf das geistige Leben zumindest in Europa wieder stetig zugenommen. Das erfolgte nicht lautstark und vordergründig, auch nicht über eine eigene Denkschule oder gar über erkennbaren Masseneinfluß in der öffentlichen Meinung. Man führt ihn nicht ständig im Munde wie etwa Friedrich Nietzsche, man liest ihn auch weniger als erforderlich. Allgemein bekannt sind meist nur ein paar Schlagwörter aus seinem Gedankengebäude und einige Anekdoten aus seinem Leben.

Und doch wirkt der Geist der Schopenhauerschen Philosophie über viele Kanäle auf das geistige Leben im 20. Jahrhundert, und vor allem im letzten Drittel dieses Jahrhunderts, ein. Er findet Interesse und Widerhall bei recht unterschiedlichen Kreisen und Kräften. Die einen werden von dem theoretisch begründeten Pessimismus angezogen, die anderen von der Ethik des Mitleids; manche identifizieren sich mit seinem Genie-Kult, andere empfinden die Hinwendung zu östlicher Weisheit und Askese als modern. Schopenhauer wirkt auf diese Weise weniger durch sein philosophisches System in seiner Gesamtheit, und doch sind viele Bestandteile seiner Philosophie lebendig.

Der Hauptgrund dafür und für die gegenwärtige Konjunktur liegt offensichtlich darin, daß dieser Denker des 19. Jahrhunderts wichtige Ansichten und Auffassungen formulierte, die der Interessenlage und damit den geistigen Bedürfnissen bestimmter Schichten im modernen Kapitalismus am Ende des 20. Jahrhunderts durchaus entsprechen. Damit zeigen sich viele Ähnlichkeiten zu Schopenhauers Wirkung während der 60er bis 90er Jahre des 19. Jahrhunderts.

Die entscheidende Ursache dafür, daß Schopenhauer durch die Zeiten hindurch solche Aktualität behalten hat, liegt sicher darin, daß er innere Krisenprozesse der Gesellschaft sehr früh zu erfassen vermochte. Vor der Bourgeoisie standen in den letzten beiden Jahrhunderten vielfältige ökonomische, politische und ideologische Herausforderungen, die aus Krisen der Entwicklung ihres wirtschaftlichen und politischen Systems erwuchsen. Damit waren Fragen nach ihrer Existenz und Zukunft verknüpft, nach möglichen neuen gesellschaftlichen Strukturen und nach weltanschaulichen Orientierungen. Bei der geistigen Bewältigung von Krisen greift sie auf ihre Denker zurück, die Konzeptionen entworfen haben, in denen Mittel und Wege zur Meisterung von Krisen enthalten sind.

Schopenhauer hat keine entwickelten Krisenkonzeptionen ausgearbeitet. Daher sind die Bezüge auf ihn auch nicht so direkt wie beispielsweise auf Nietzsche, der wohl der erste Philosoph im 19. Jahrhundert war, der eine eigenständige Krisenkonzeption entworfen hat. Wie ein Lotse eine genaue Karte der Gewässer benötigt, wie er die Strömungen und Riffe, die beste Fahrrinne, aber auch die Leistungen des Schiffes kennen muß, um die richtige Fahrtroute zu bestimmen, so entwarf Nietzsche ein genaues Bild zukünftiger großer Gesellschaftskrisen der bürgerlichen Gesellschaft, ja der zukünftigen Menschheit, charakterisierte er die treibenden Kräfte und skizzierte mögliche Auswege.

Schopenhauer spielte eher die Rolle eines Signalgastes, der frühzeitig neue Gefahrenstellen ausruft. In vielen seiner Fragestellungen und Deutungen war er ein erster Anreger, ein Beginner der neuen Etappe des modernen Philosophierens. Das ist die Rolle, die er in seiner Zeit gespielt hat und die ihm einen Ehrenplatz in jeder Philosophiegeschichte verschafft hat. Doch daraus erklärt sich noch nicht genügend seine wiederkehrende Aktualität. Schopenhauer hat bekanntlich viel Interessantes über die Art der Lebensweise und Lebensgestaltung zu sagen. Er machte sich Gedanken darüber, wie man in dieser von Krisen gekennzeichneten Welt leben kann: nicht das Finden von Auswegen war seine Stärke, sondern das Ausloten der vorhandenen Möglichkeiten. Und in ebendieser Funktion wirkt Schopenhauer heute: Er liefert Hilfestellung für jene, die sich in der Krise zurechtfinden und einrichten wollen. Ein wenig resignativ, ein wenig pessimistisch, ein wenig kritisch — und eben stabil genug, um die eigene Welt bestimmen zu können, um sich fest zu etablieren in der schlechtesten aller Welten, die aber die einzige und damit lebbare ist.

Unter diesem Aspekt ist heute wieder ausgesprochene Schopenhauer-Zeit. Sowohl global als auch regional werden tiefgreifende Umbrüche sichtbar und erfahrbar. Ökonomische Erschütterungen der Krisen von 1974/75 und 1980/82, Strukturkrisen und neue konjunkturelle Aufschwünge kennzeichnen den Erfahrungshorizont nicht nur der Führungsschichten in der kapitalistischen Gesellschaft. Erste Wellen von Verunsicherungen, hektischen Reaktionen und politisch-ideologischen Umorientierungen sind abgeklungen. Selbst die dramatischsten Umbruchsituationen — von der Ökologie bis zur wissenschaftlich-technischen Revolution, von der Schuldenlast der Dritten Welt bis zur militärischen Auseinandersetzung — werden Bestandteil des alltäglichen Lebens. Das Ausharren, das Sich-Einrichten sind Tugenden, die gefordert werden in einer Zeit, wo Haltepunkte verschwinden oder zumindest verschwimmen. Und dabei zeigt sich Schopenhauer — ob nun im direkten theoretischen Zugriff oder über den Zeitgeist vermittelt — als immer wieder aktuell und hilfreich.

Spätestens an dieser Stelle muß natürlich auch darauf verwiesen werden, daß die gewaltigen Veränderungen in der Sowjetunion, in Ländern wie Ungarn, Polen und der ČSFR sowie nicht zuletzt in der DDR auch einen Boden schaffen für das Wirken Schopenhauerscher Ideen. Vor allem dort, wo die Umbrüche und Erneuerungen mit den schmerzlichen Erfahrungen langjährigen Subjektivismus, anhaltender Korruption und des Verrats an verkündeten Idealen des Sozialismus verknüpft sind, wo das Scheitern einer bisher betriebenen Gesellschaftspolitik für jeden spürbar wird, können sich Züge der Resignation, der Aufgabe, des Rückzugs in das Private und offener Pessimismus ausbreiten. Das wiederum fordert das Aufnehmen, das Übernehmen von Schopenhauers Ideen geradezu heraus. Hinzu kommt, daß in Ländern wie der DDR eine geistige Beschäftigung und Auseinandersetzung mit solchen Denkern wie Schopenhauer für überflüssig gehalten wurde – das blieb der internen philosophischen Diskussion vorbehalten. Das wird durchaus dazu führen, daß es zu einer Art Neuentdeckung Schopenhauers – und auch anderer Philosophen – für den weltanschaulichen Bedarf im gesellschaftlichen und individuellen Leben kommt.

Unsere Zeit wird von verschiedenen Denkern in unterschiedlicher Weise benannt. Aber ob man sie nun als Umbruch, als Wende oder gar als Endzeit charakterisiert – ein Moment, das allen diesen Bestimmungen eigen ist, ist die Krisenhaftigkeit unseres Lebens, wenn auch aus unterschiedlichen Gründen. Wenn wir Krisen richtig als Beschleunigung der Entwicklung verstehen, dann bedeutet es, daß wir in einer Zeit mit erhöhtem Entwicklungstempo leben. In solchen Zeiten aber sind Orientierungs- und Haltepunkte notwendiger denn je. Und in ebendiesem Sinne der Orientierungshilfe in einer sich schnell verändernden Welt muß die anhaltende, aber eben nicht vordergründige Aktualität Schopenhauers verstanden werden.

Die Literatur, die sich mit Leben und Werk von Arthur Schopenhauer befaßt, ist in den vergangenen 130 Jahren gewaltig angewachsen. Monographische Untersuchungen zu diesem Denker von marxistischer Seite lassen sich dagegen an den Fingern einer Hand abzählen. So erklärt sich die Absicht der vorliegenden Arbeit, verschiedene Seiten der Philosophie Schopenhauers zu betrachten, wobei es sowohl ein philosophiehistorisches wie auch ein aktuelles Interesse gibt. Dabei handeln wir – wie schon viele andere Autoren – gegen den Wunsch Schopenhauers, der am Ende seines Lebens klagte: »Daß in Kurzem die Würmer meinen Leib zernagen werden, ist ein Gedanke, den ich ertragen kann, – aber die Philosophie-Professoren meine Philosophie! – dabei schaudert's mich.«[1] Doch gleichzeitig wissen wir uns einig mit Schopenhauer, der einmal angesichts der jahrzehntelangen Nichtbeachtung seiner Arbeiten ausrief: »Ich will sehr viel lieber, daß man gegen mich schreibe, als gar nicht schreibe.«[2]

In diesem Sinne von Ablehnung und Aufforderung, die auch vom Werk des Philosophen ausgehen, ist dieses Buch geschrieben. Es soll einen Zugang zu Schopenhauer vermitteln, über sein Denken informieren und zu einem eigenen kritischen produktiven Umgang mit seinem Werk herausfordern.

---

1 Arthur Schopenhauer: Senilia. In: Schopenhauer. Der handschriftliche Nachlaß in fünf Bänden. Hrsg. Arthur Hübscher, München 1985, Band 4.2, S. 34.

2 Arthur Schopenhauer an D. Asher, 11. Januar 1859. In: Schopenhauer: Gesammelte Briefe. Hrsg. Arthur Hübscher, Bonn 1978, S. 442.

Wie Schopenhauer zum Philosophen wurde 1788–1818

Arthur Schopenhauer lebte in einer Zeit gewaltiger gesellschaftlicher Veränderungen. Sturmjahre der Revolution wechselten mit Perioden der Reaktion, Krisen- und Kriegszeiten, mit Epochen ökonomischen Aufschwungs. Es sind Jahrzehnte, in denen die Weltgeschichte entscheidend geprägt wurde. Zwischen der Französischen Revolution von 1789 und den Jahren der politischen Reaktion in Preußen sowie der Bismarckära liegen die Lebensjahre des Philosophen: Er war ein Zeitgenosse Napoleons und ein Beobachter der Befreiungskriege; er hat mit Goethe diskutiert und mit Hegel gestritten; er erlebte die Revolution von 1848 aus nächster Nähe und spürte den wirtschaftlichen Aufschwung des Kapitalismus in Deutschland.

Und doch existiert ein seltsamer Bruch zwischen dem gesellschaftlichen Leben dieser Zeit und dem persönlichen Leben Schopenhauers. Natürlich blieb er nicht unberührt von den Ereignissen im politischen, ökonomischen und vor allem geistigen Leben. In der ersten Hälfte seines Lebens befand er sich sogar im Strom dieser Zeit, ohne jedoch zu den aktiven Teilnehmern oder gar Gestaltern zu zählen. In dem Maße aber, wie er zum Philosophen wurde, wie er sich mit dem von ihm erdachten System identifizierte, klaffte ein immer tieferer Graben auf zwischen dem Leben der Gesellschaft und dem des Arthur Schopenhauer. Das begann bereits frühzeitig, prägte sich als Lebenslinie — um nicht zu sagen: als Lebensstil — immer deutlicher aus und wurde letztlich zu einem Signum Schopenhauers, nämlich gegen den Strom der Zeit zu leben.

Die Jahre des Suchens und der Ungewißheit über den eigenen Weg waren geprägt durch eine Vielzahl gegensätzlicher Einflüsse, Festlegungen, Veränderungen und Eingriffe. Die Zeit bis etwa 1820 gehört zu den bewegtesten Jahren im Leben Schopenhauers. Die realen Veränderungen in der Welt stellen dabei nicht einfach nur den äußeren Rahmen seines Lebens dar, sondern sie haben teilweise sehr direkten Einfluß auf seine Biographie genommen.

Schopenhauer war noch keine zwei Jahre alt, als die Französische Revolution ausbrach; er war fast fünf, als Ludwig XVI. hingerichtet wurde. Den Widerhall dieser Ereignisse spürte er in den Diskussionen und Ansichten seiner Eltern und deren Bekannten. Den Staatsstreich Napoleons erlebte er als Neunjähriger in Frankreich. Von der militärischen Niederlage Preußens in der Schlacht bei Jena und Auerstedt erfuhr er in sehr persönlicher Weise von seiner Mutter, die in Weimar in die Wirren dieser Auseinandersetzungen geraten war. Er befand sich als Student in Göttingen und Berlin mitten unter jenen Kräften der deutschen Jugend, die sich im antinapoleonischen Kampf engagierten und sich in den Befreiungskriegen bewährten. Schließlich erlebte er die Folgen des Wiener Kongresses gerade auch im geistigen Leben während seiner Zeit in Dresden.

Zugleich bewegten ihn gerade in diesen Jahren persönliche Veränderungen, die Umgestaltung der familiären Beziehungen, tragische Ereignisse. Sie hemmten und förderten die verschiedenartigen Lebenspläne, die man mit ihm hatte beziehungsweise die er für sich aufgestellt hatte. Auf jeden Fall erkannte der junge Schopenhauer unter diesen nicht gerade ruhigen Lebens- und Zeitverhältnissen bereits recht früh sein Interesse, wenn nicht gar seine Berufung für die theoretische Arbeit. »Treibe die Natur mit der Heugabel aus, sie kommt doch immer zurück«, lautete ein Horaz-Zitat, das er als Motto über seinen Lebenslauf stellte, den er 1820 zusammen mit seiner Bewerbung für eine Lehrberechtigung an die Berliner Universität sandte. Und darin hob er gleich zu Beginn hervor, daß die »gelehrte Tätigkeit, der ich mich hingegeben habe, nicht wie den Meisten der Zufall entgegengebracht noch die berechnende Fürsorge Anderer angewiesen, sondern die eigene freie Wahl allein zugeteilt hat, und daß mir der Weg, auf welchem ich dahin, wo ich bin, gelangte, nicht allein nicht gebahnt und geebnet, sondern behindert und versperrt gewesen, ja daß ich ihn anfangs nicht einmal kannte.«[1]

Arthur Schopenhauer wurde am 22. Februar 1788 in Danzig geboren. Die alte Hansestadt hatte zu dieser Zeit zwar viel von ihrem Glanz verloren; eine Perspektive als Freie Stadt zwischen Polen und Preußen war immer weniger gegeben. Sinkende Einwohnerzahlen deuteten auf diese Tendenz hin. Als Schopenhauer geboren wurde, lag die Einwohnerzahl mit etwa 36 000 um mehr als die Hälfte unter der von 1650 (etwa 77 000). Trotzdem strahlten die Danziger Verhältnisse immer noch Solidität und Sicherheit aus.

Schopenhauers Eltern stammten aus alteingesessenen und angesehenen Familien. Der Vater Heinrich Floris — 1747 geboren — betrieb zusammen mit einem seiner Brü-

1 Arthur Schopenhauer: Gesammelte Briefe, S. 648.

der eine Großhandlung; er zählte zu den wohlhabenden Patriziern der Stadt und lebte als aufgeklärter Kaufherr ganz im Geist hanseatischer Traditionen. In England und Frankreich ausgebildet, las er Voltaire ebenso wie die »Times«. Mit großem Interesse verfolgte er die politischen Ereignisse seiner Zeit. Dabei war er überzeugter Republikaner. Das führte ihn schließlich auch dazu, im Jahre 1793, als Danzig an Preußen fiel, seine Heimatstadt wenige Stunden vor der preußischen Besetzung mit seiner Familie zu verlassen. Dieser Entschluß und seine resolute Ausführung mußten mit erheblichen Vermögensverlusten bezahlt werden.

Die Mutter, Johanna Henriette — geboren 1766 — stammte aus der Familie des Ratsherrn Christian Heinrich Trosiener. Als Achtzehnjährige gab sie dem zwanzig Jahren älteren »bedeutenden Manne« Heinrich Floris Schopenhauer ihr Jawort. Später schrieb sie darüber: »Noch vor Vollendung meines neunzehnten Jahres war mir nun durch diese Verbindung die Aussicht auf ein weit glänzenderes Los geworden, als ich jemals berechtigt gewesen zu erwarten ... ich durfte stolz darauf sein, diesem Manne anzugehören, und war es auch. Glühende Liebe heuchelte ich ihm ebensowenig als er Anspruch darauf machte ...«[2]

Zehn Jahre nach Arthur wurde seine Schwester Adele — Luise Adelaide Lavinia — geboren. Sie verbrachte den größten Teil ihres Lebens (1797—1849) zusammen mit der Mutter in Weimar. Seit 1793 lebte die Familie Schopenhauer in Hamburg, wo der Vater nunmehr seine Großhandlung betrieb. Die alte Hansestadt zählte damals etwa 100000 Einwohner und erlebte durch den

2 Johanna Schopenhauer: Ihr glücklichen Augen. Jugenderinnerungen, Tagebücher, Briefe, Berlin 1978, S. 176/177.

Handel mit Nordamerika eine stürmische Entwicklung. Das führte zu einem Aufschwung der Produktion und der mit dem Handel verbundenen Wirtschaftszweige; gleichzeitig verschärften sich die sozialen Gegensätze. Hamburg kannte bereits Pauperismus und Wohnungselend der Massen. 1794 kam es zu Unruhen unter den Handwerksgesellen.

Unter dem Einfluß der Französischen Revolution traten in Hamburg progressive Kräfte hervor. Um den Kaufmann Georg Heinrich Sieveking und den Arzt Johann Heinrich Reimarus – Sohn des Aufklärungsphilosophen Hermann Samuel Reimarus – bildete sich ein Kreis fortschrittlich gesinnter Bürger, der auch Verbindung zu Adolph von Knigge (1758–1796) hielt, welcher seit 1791 in Bremen lebte. Im nahen Altona – damals noch dänisch – fand der bekannte Publizist Georg Friedrich Rebmann (1768–1824) Unterschlupf, als er Ende 1795 auf der Flucht vor den deutschen Zensurbehörden war.[3] Von Rebmann stammen die enthusiastischen Sätze: »Wir leben in einem Zeitalter, dem sich, selbst das Zeitalter der Römer und Griechen nicht ausgenommen, kein anderes vergleichen läßt. Wer nicht dazu gemacht ist, ›seinen Pudding zu essen und das Maul zu halten‹, der sollte … sich nicht damit begnügen, die Taten unsrer fruchtbaren Zeit bloß in den Zeitungen zu lesen oder höchstens seine Gedanken darüber aufs Papier niederzuschreiben oder ein Freiheitslied zu dichten. Laßt uns *Gedichte tun,* nicht *dichten,* möchte ich wohl rufen.«[4]

Sicher hatte sich Heinrich Floris Schopenhauer bei der

---

3 Vgl. Nicolao Merker: An den Ursprüngen der deutschen Ideologie, Berlin 1984, S. 45ff.

4 Georg Friedrich Rebmann: Holland und Frankreich in Briefen, Berlin 1981, S. 10/11.

Wahl seines neuen Wohnsitzes vor allem von ökonomischen Gründen leiten lassen. Hamburg als bedeutender Umschlagplatz für Waren aller Art bot einer Großhandelsgesellschaft natürlich beste Voraussetzungen. Aber es dürfte dem republikanisch gesinnten, weltoffenen Kaufherrn Schopenhauer mit seiner Vorliebe für Frankreich und England nicht gleichgültig gewesen sein, gerade auch unter den einflußreichen Handelsleuten in der Stadt viele Gleichgesinnte zu finden.

Für Arthur war die Übersiedlung aus der soliden Danziger Umwelt, dem stillen Landgut des Vaters in Oliva oder dem großväterlichen Pachthof in Stutthof, in das stark proletarisierte Hamburg ein deutlich spürbarer Wandel. Noch in späteren Jahren meinte er zu dieser Übersiedlung, daß er damit heimatlos geworden sei und eine neue Heimat sich nicht mehr erworben habe. Aber er fand in diesen Jahren auch kaum Muße, sich in Hamburg einzuleben. Abgesehen von Wohnungswechseln – immerhin bezog die Familie zwischen 1793 und 1805 drei verschiedene Häuser – setzte der Vater bereits frühzeitig seinen Plan durch, aus Arthur einen kosmopolitisch eingestellten, weltmännisch gebildeten zukünftigen Handelsherrn zu machen. So kam Arthur schon als neunjähriger Knabe 1797 für längere Zeit zu dem mit dem Vater befreundeten Kaufmann Grégoire de Blésimaire nach Le Havre. Hier wurde er zusammen mit dem gleichaltrigen Anthime Grégoire privat unterrichtet und verlebte, wie er selbst schrieb, »den weitaus frohesten Teil« seiner Kindheit.[5]

War es schon nicht alltäglich, 1797 mit einem kleinen Jungen auf Bildungs- und Vergnügungsreise ausgerechnet nach Frankreich zu gehen, wo Arthur auf diese Weise Pa-

---

5 Arthur Schopenhauer: Gesammelte Briefe, S. 649.

ris im Jahre des Staatsstreiches von Napoleon kennenlernte, so gehörten wohl persönliche Courage, klare Zielvorstellungen und Weitsicht dazu, in diesen bewegten Zeiten den Sohn in Frankreich zu lassen, ihn faktisch zum Franzosen ausbilden zu lassen. Die Jahre bis 1799 nutzte Arthur jedenfalls derart intensiv, daß er seine Muttersprache so gut wie verlernt hatte, als er — als Elfjähriger — von Le Havre aus auf dem Seeweg und ohne jede Begleitung nach Hamburg zurückkehrte.

Von den zwei Jahren in Le Havre sprach Schopenhauer später stets nur in positiver Hinsicht. Zwar ging er nirgendwo genauer auf die Eindrücke ein, die er in dieser Zeit gewann, doch die ausgehenden neunziger Jahre stellten eine bedeutsame Phase in der Entwicklung Frankreichs dar, die er so nahe miterleben konnte. Nur wenige Monate nach Schopenhauers Rückkehr verkündeten die französischen Konsuln: »Bürger, die Revolution ist den Grundsätzen, von denen sie ihren Ausgang nahm, fest verbunden; sie ist beendet.«[6]

Nach dem Aufenthalt in Le Havre begann für Arthur eine Zeit intensiven Reisens. So gelangte er 1800 mit seinen Eltern quer durch Deutschland bis nach Prag und Karlsbad. Er lernte Hannover, Kassel, Dresden, Leipzig und Berlin kennen und sah in Weimar Schiller. In den Jahren 1803 und 1804 unternahmen seine Eltern mit ihm eine großangelegte europäische Bildungsreise. Sie führte nach Belgien und Holland, nach Großbritannien und Frankreich, in die Schweiz und nach Österreich sowie durch weite Teile Deutschlands. Städte wie Amsterdam, Brüssel, Antwerpen, Rotterdam, London, Paris, Bordeaux, Marseille, Lyon, Genf, Zürich, Bern, Wien, Mün-

---

6 Walter Markow: Revolution im Zeugenstand. Frankreich 1789–1799, Band 2, Leipzig 1982, S. 699.

chen und Augsburg sind für den Fünfzehnjährigen keine abstrakten Namen, sondern verbinden sich mit konkreten Vorstellungen, Erlebnissen und Begegnungen. Blättert man in den Reisetagebüchern des jungen Schopenhauer, so wird sichtbar, wie vielfältig die Eindrücke waren, die er sammeln konnte. Während des halbjährigen Aufenthaltes in England kam er für einige Monate in die Pension eines Geistlichen in Wimbledon. Während er hier die Grundlagen für seine guten englischen Sprachkenntnisse legte — später las er regelmäßig die »Times« und wirkte auch als Übersetzer —, revoltierte er gegen die Enge und Steifheit der Lebensformen an diesem Internat und behielt zeitlebens starke Vorbehalte gegen puritanisches Denken und Gebaren.

Überhaupt prägten diese Reisen und Aufenthalte in verschiedenen Ländern die sich ausbildenden Anschauungen des jungen Schopenhauer. Darauf weisen auch die vielfältigen Verhaltensmaßregeln hin, die er — zumeist in Briefen seiner Mutter — erhielt und die einen gewissen Aufschluß über den geistigen Entwicklungsstand Arthurs in dieser Zeit geben. So heißt es in einem Brief der Mutter vom 4. August 1803: »Du bist nun fünfzehn Jahre alt, du hast schon die besten deutschen, französischen und zum Teil auch englischen Dichter gelesen und studiert, und doch, außer den Schulstunden, kein einziges Buch in Prosa, einige Romane ausgenommen, keine Geschichte, nichts als was du etwa lesen mußtest, um bei Herrn Runge zu bestehen (Runge leitete eine Privatschule in Hamburg, die Arthur von 1799 bis 1803 besuchte. *E. F.*) Das ist nicht recht. Du weißt, ich habe Gefühl fürs Schöne, ich freue mich, daß du es von mir vielleicht geerbt hast; aber dies Gefühl kann uns nun einmal in dieser Welt, wie sie ist, nicht zum Leitfaden dienen, das Nützliche muß vorangehen und alles in der Welt wollte ich dich lieber werden sehen als einen sogenannten Bel-esprit.«[7] Nun, ein Schöngeist ist Schopenhauer sicher nicht geworden; aber er verwirklichte eben auch nicht die Pläne seiner Eltern, etwas »Nützliches« im Sinne eines »bürgerlichen« Berufes zu werden. Im Herbst 1803 hielten sich die Schopenhauers zwei Monate in Paris auf, wo Arthur bei einem Theaterbesuch Napoleon erstmals zu Gesicht bekam. Auf den verschiedenen Fahrten durch Frankreich prägten sich ihm neben unterschiedlichsten Reiseeindrücken besonders die Notlage der arbeitenden Menschen, ihre elenden Hütten und Lebensverhältnisse ein. Im Bagno von Toulon sinnierte er über das »ganz freudenlose« und »ganz hoffnungslose« Leben der Sträflinge; in Lyon notierte er beim Anblick der Hinrichtungsplätze der Revolution, über die nun wieder Menschen mit Gleichgültigkeit hinweggingen: »Es ist unbegreiflich, wie die Macht der Zeit die lebhaftesten und schrecklichsten Eindrücke verwischt.«[8]

Die Erlebnisse dieser Reisen prägten das entstehende Weltbild des künftigen Philosophen. Von vielen seiner Zeitgenossen – und insbesondere von den meisten deutschen Philosophen des 18. und 19. Jahrhunderts – unterscheidet er sich dadurch, daß er bereits frühzeitig bekannt wurde mit den realen Verhältnissen in den verschiedenen europäischen Ländern, vor allem in den ökonomisch und politisch entwickelten Staaten wie England und Frankreich. Für ihn sind die Losungen und die realen Errungenschaften der Bourgeoisie im antifeudalen Kampf nicht nur schöngeistige Ideale, sondern erlebte, zumindest aber angeschaute soziale Verhältnisse und Bedingungen mit all ihren

7 Zit. nach: Wilhelm v. Gwinner: Schopenhauers Leben, Leipzig 1910, S. 18.

8 Arthur Schopenhauer: Reisetagebücher aus den Jahren 1803–1804. Hrsg. v. Charlotte v. Gwinner, Leipzig 1923, S. 164.

Widersprüchen, die keinerlei Euphorie aufkommen lassen. Wenn es sich auch um ausgesprochene Bildungsreisen handelte, bei denen eine gewisse — wie wir heute sagen würden — touristische Orientierung überwog, so sorgten Heinrich und Johanna Schopenhauer doch für eine tiefergehende Schau und geistige Verarbeitung der Eindrücke. Die Reisetagebücher, die Arthur auf Verlangen seiner Eltern führte, geben einen Einblick in die Ernsthaftigkeit dieser Bemühungen. Gleichzeitig wird aber auch erkennbar, wie wenig er sich zu dieser Zeit um seine spätere Leidenschaft, die Philosophie, kümmert: Er, der sich einmal als der einzig wahrhaftige Fortsetzer der Philosophie Immanuel Kants bezeichnen wird, nahm den Tod des Königsberger Philosophen am 12. Februar 1804 gar nicht zur Kenntnis.

Im Sommer 1804 ging die große Reise zu Ende. Sie war der Preis in einem etwas seltsam anmutenden Handel zwischen Vater und Sohn. Um einerseits das eigene Ziel zu erreichen, aus Arthur einen erfolgreichen Kaufmann zu machen, andererseits aber das erwachte Interesse an wissenschaftlicher Beschäftigung nicht rigoros und autoritär zurückzuweisen, hatte Heinrich Schopenhauer seinen Sohn vor die Wahl gestellt, entweder das Gymnasium zu besuchen und ein Studium anzustreben, oder aber den Kaufmannsberuf zu erlernen und zu dessen Vorbereitung eben solche Reise anzutreten. Dieser Versuchung konnte Arthur nicht widerstehen. Später urteilte er über diese Reise und ihren Platz in seiner persönlichen Entwicklung so: »Es leuchtet ein, daß mir durch diese langandauernde Reise zwei Jugendjahre, welche sonst zur Erlernung der klassischen Lehrfächer und Sprachen verwendet zu werden pflegen, in dieser Hinsicht gänzlich nutzlos verstrichen, und dennoch zweifle ich heute noch, ob nicht eine Frucht jener Reise mir zu gut gekommen ist, die jenen verlorenen Vorteil vollständig ausgleicht, ja überwiegt. Denn gerade in den Jahren der erwachenden Mannbarkeit, in welchen die menschliche Seele sowohl Eindrücken jeder Art am meisten offen steht, als nach der Aufnahme und Erkenntnis der Dinge am stärksten verlangt und neugierig ist, wurde mein Geist, nicht, wie gewöhnlich geschieht, mit leeren Worten und Berichten von Dingen, von denen er noch keine richtige und sachgemäße Kenntnis haben konnte, angefüllt und auf diese Weise die ursprüngliche Schärfe des Verstandes abgestumpft und ermüdet; sondern stattdessen durch die Anschauung der Dinge genährt und wahrhaft unterrichtet und lernte daher, was und wie die Dinge seien, früher als er die über ihre Beschaffenheit und Veränderung fortgepflanzten Meinungen in sich aufgenommen hatte.« Schopenhauer sah darin einen wesentlichen Grund dafür, daß er später nie in Gefahr geraten sei, »Worte für Dinge zu nehmen«.[9]

Dieser Überlegung Schopenhauers zu seiner eigenen Entwicklung wohnt ein grundsätzliches pädagogisches Problem inne, das wohl bis heute nicht im Interesse der jeweils heranwachsenden Generationen gelöst werden konnte: Die Schulstube, selbst wenn sie einen lebensnahen Unterricht erteilt und praxisorientiert ist, vermittelt in der Masse theoretische Meinungen und Einsichten zu Dingen, Prozessen und Erscheinungen, die der Schüler noch nicht angeschaut und erfahren hat; es ist der gewöhnliche Gang des Sprachstudiums, indem man zuerst die grammatikalischen Strukturen der Sprache vermittelt bekommt, lange bevor man in ihre lebendige Gestalt eingedrungen ist. Die von Schopenhauer gegebene Selbsteinschätzung der Vor- und Nachteile seines persönlichen Entwicklungsweges bekräftigte aus seiner Sicht auch Max Horkheimer: »Der Sinn

9 Arthur Schopenhauer: Gesammelte Briefe, S. 650.

des Kaufmanns, den er von seinem Vater übernommen hat, die Unbefangenheit, die sich der Gabe verdankt, auch in anderen Ländern und Sprachen zu Hause zu sein, die gebildete Nüchternheit sind bei Schopenhauer philosophisch geworden ... Durch Schopenhauers Mißtrauen gegen Reform und Revolution wird das Bestehende nicht glorifiziert.«[10]

Noch im Jahre 1804 begann Arthur seine Lehre als Kaufmann; zuerst einige Monate in Danzig, sodann in Hamburg. Aber bereits nach kurzer Zeit führte ein tragisches Ereignis zu einer Wende: Am 20. April 1805 verunglückte Heinrich Schopenhauer tödlich. Zwar fühlte sich Arthur seinem gegebenen Wort verpflichtet und setzte die ihm überhaupt nicht zusagende Kaufmannslehre fort. Doch nachdem die Mutter das Geschäft in Hamburg recht schnell auflöste und im September 1806 nach Weimar zog, hielt es ihn auch nicht mehr lange. Mit Zustimmung der Mutter brach er im Frühsommer 1807 die Lehre ab und ging daran, intensiv seine versäumte Schulbildung nachzuholen.

Der Tod des Vaters machte deutlich, daß zwischen Arthur und seiner Mutter längst nicht solche engen Beziehungen bestanden wie zwischen Vater und Sohn. Ja, man kann von gespannten, wenn nicht gar gestörten Verhältnissen sprechen. Das führte in der Folgezeit sogar zum Vorwurf, Johanna Schopenhauer trage Schuld am Tode ihres Mannes — Gerüchte um einen Freitod von Heinrich Schopenhauer entstanden bereits unmittelbar nach dem verhängnisvollen Sturz vom Speicher. Wie die späteren Jahre zeigten, kamen Mutter und Sohn tatsächlich schwer miteinander aus. Johanna Schopenhauer empfand den

---

10 Max Horkheimer: Gesammelte Schriften, Band 7: Vorträge und Aufzeichnungen 1949—1973, Frankfurt a. M. 1985, S. 48.

heranwachsenden frühreifen Sohn als eine empfindliche Störung ihres Lebens, wie sie es sich in Weimar eingerichtet hatte. Hier erhielt sie bald Zugang zu den Kreisen um Goethe und entwickelte eine erstaunlich produktive schriftstellerische Aktivität. Mit ihren Reisebüchern, vor allem aber ihren Novellen und Romanen zählte sie zu den meistgelesenen Autoren der ersten Hälfte des 19. Jahrhunderts. Der Leipziger Brockhaus-Verlag brachte in den Jahren 1830/31 sogar eine 24bändige Ausgabe ihrer »Sämtlichen Schriften« heraus. In ihrem Weimarer Salon trafen sich Männer wie Goethe und Wieland, die Brüder Schlegel, der Orientalist Friedrich Majer und der Maler Heinrich Meyer, die Schriftsteller Zacharias Werner, Karl von Holtei und Ludwig Börne und der Verleger Bertuch. Besonders intensiv war die Beziehung zu dem Schriftsteller Karl Ludwig Fernow, dessen Biographie Johanna als erste ihrer literarischen Arbeiten verfaßte. Fernow war es auch, der – von Johanna Schopenhauer um Rat gebeten – die Pläne Arthurs hinsichtlich einer wissenschaftlichen Laufbahn unterstützte.

Arthur warf sich mit aller Konsequenz auf die neue Aufgabe. Kaum war die Zustimmung der Mutter eingetroffen, löste er alle Verpflichtungen in Hamburg. Im Juni 1807 lernte er bereits als eine Art externer Schüler am Gymnasium in Gotha, wo er durch Vermittlung der Mutter und ihrer Freunde untergekommen war. Doch schon nach wenigen Monaten mußte er Gotha verlassen; er hatte auf einen seiner Lehrer ein Spottgedicht verfaßt, wodurch sein weiterer Aufenthalt in dieser damaligen Kleinstadt unmöglich geworden war. Er siedelte nach Weimar über und widmete sich hier intensiv der Vorbereitung auf ein Universitätsstudium.

Der Wechsel nach Weimar kam Johanna Schopenhauer sichtlich ungelegen. Sie befürchtete Veränderungen in ihrer Lebensweise, die sie auf keinen Fall dulden wollte. Das wird aus Briefen ersichtlich, die sie ihrem Sohn kurz vor seiner Übersiedlung noch nach Gotha schrieb. Zuerst war sie darum bemüht, ihn nach Altenburg zu dirigieren; als das nicht gelang, machte sie ihm unmißverständlich klar, daß sie mit ihm nicht zusammenleben könne. »Ich habe Dir immer gesagt, es wäre sehr schwer, mit Dir zu leben, und je näher ich Dich betrachte, desto mehr scheint diese Schwierigkeit, für mich wenigstens, zuzunehmen. Ich verhehle es Dir nicht: solange Du bist, wie Du bist, würde ich jedes Opfer eher bringen als mich dazu entschließen ... ich kann mit Dir in nichts, was die Außenwelt angeht, übereinstimmen. Auch Dein Mißmut ist mir drückend und verstimmt meinen heitern Humor, ohne daß es Dir etwas hilft.«[11] So bekam Arthur in Weimar ein eigenes Quartier und die Order, sich im Hause der Mutter als Gast zu betrachten, willkommen mittags zwischen eins bis drei und zweimal in der Woche am Abend.

In den folgenden zwei Jahren holte Arthur mit verbissenem Eifer all das an Wissen nach, was er durch seine bisherige Entwicklung versäumt hatte. Insbesondere die Privatstunden und Anleitungen bei den Weimarer Gymnasialprofessoren Franz Ludwig Passow und Christian Ludwig Lenz nutzten ihm bei der Aneignung der alten Sprachen sowie der griechischen und lateinischen Literatur. Abwechslungen gab es kaum, wenn man die regelmäßigen Besuche am Weimarer Theater einmal beseite läßt. Der 21jährige schwärmte voller Begeisterung für eine der besten und wohl auch attraktivsten Schauspielerinnen, Caroline Jagemann, die zu dieser Zeit Anfang Dreißig

11 Johanna Schopenhauer: Ihr glücklichen Augen, S. 381.

war. Dieser Leidenschaft entsprang das einzige Liebesgedicht, das Schopenhauer je verfaßte.[12]

Reisen wurden in dieser Zeit nur zwei unternommen: Einmal, im Juli 1808, ging er zusammen mit Mutter, Schwester und mit Fernow – der noch im gleichen Jahr starb – zur Kur nach Liebenstein; zum anderen besuchte er im Oktober des gleichen Jahres zusammen mit dem aus Danzig stammenden Schriftsteller Johannes Daniel Falk den Fürstenkongreß in Erfurt. Hier hatte sich die Mehrzahl der europäischen Herrscher mit Napoleon und Zar Alexander an der Spitze versammelt. Schopenhauer bezog zu diesem politischen Spektakel bereits jene Haltung, die sich in der Folgezeit weiter verfestigte und sowohl in den theoretischen Positionen als auch im praktischen Leben bestimmend wurde: den Standpunkt eines über- und außerzeitlichen Beobachters und Kritikers, der die Geschichte nicht als einen historischen Prozeß auffaßt und sich am politischen Geschehen seiner Zeit selbst nicht zu beteiligen habe.

Eine solche Haltung einzunehmen und in einer derart bewegten Zeit auch durchzuhalten, war für Schopenhauer natürlich nur möglich, weil er über relativ gesicherte materielle Lebensbedingungen verfügte. Im Unterschied zu

---

12 In dem fünfstrophigen Gedicht heißt es u. a.:

Die Sonne hüllen Wolken,
Doch Deiner Augen Schein,
Er flößt am kalten Morgen
Mir Himmelswärme ein.

Dein Fenster hüllt der Vorhang:
Du träumst auf seid'nem Pfühl
Vom Glücke künft'ger Liebe,
Kennst du des Schicksals Spiel?

Vgl. Karl Pisa: Schopenhauer, München 1978, S. 191.

den meisten Philosophen seiner Zeit und überhaupt zu Vertretern der sich herausbildenden bürgerlichen Intelligenz war er nicht auf schlechtbezahlte Dienststellungen — als Hauslehrer oder Haushofmeister, als Gymnasiallehrer oder Privatdozent einer Universität — angewiesen. Mit Erreichen der Volljährigkeit erhielt er von der Mutter ein Drittel des väterlichen Erbteils, das er größtenteils in sicheren Papieren anlegte. Diese etwa 57000 Mark behandelte er mit größter Sorgfalt, war er sich doch der Bedeutung finanzieller Unabhängigkeit sehr wohl bewußt. Er hob den Vorteil hervor, der darin bestünde, freie Zeit und sorgenlose Existenz zu besitzen, »kraft deren es mir gestattet war, eine Reihe von Jahren hindurch Studien, die in Hinsicht auf Gelderwerb die unfruchtbarsten sind, Untersuchungen und Meditationen der allerschwierigsten Gattung ausschließlich nachzuhängen und zuletzt, was ich erforscht und durchdacht, durch nichts abgezogen oder gestört, niederzuschreiben ...«[13]

Sein ganzes Leben lang war Schopenhauer sorgsam darauf bedacht, seine Finanzen nicht nur in Ordnung zu halten, sondern sie zu vermehren. Wie Franz Mehring unterstrich, war Schopenhauer in diesem Punkt sehr kitzlig und, »sobald er seine Rente gefährdet glaubte, von ›Meeresstille des Gemüts‹ und sonstiger Verklärung wirklich auch gar nichts verriet«.[14]

Im Herbst 1809 schrieb sich Arthur Schopenhauer als Student der Medizin an der Universität Göttingen ein. Die Göttinger Universität hatte nicht nur in Deutschland einen ausgezeichneten Ruf. Allerdings war die Entwicklung durch die politischen Wirren der Zeit rückläufig. Als

---

13 Arthur Schopenhauer: Gesammelte Briefe, S. 648.

14 Franz Mehring: Philosophische Aufsätze. In: Gesammelte Schriften, Band 13, Berlin 1961, S. 170.

Schopenhauer sein Studium aufnahm, zählte die Universität nur noch 543 Studenten. Arthur absolvierte in den knapp zwei Jahren, die er in Göttingen verbrachte, ein großes Arbeitspensum. Zwar verlegte er den Schwerpunkt seiner Studien bald – im zweiten Semester – von der Medizin auf die Philosophie, aber seine Interessen blieben vielfältig und auch auf die Naturwissenschaften gerichtet. Physik, Chemie, Anatomie, Naturgeschichte, Mineralogie, vor allem aber Botanik betrieb er mit Eifer. Besonderen Einfluß auf seinen weiteren Bildungsgang gewann Gottlieb Ernst Schulze. Dessen Arbeiten »Aenesidemus« und »Kritik der theoretischen Philosophie« bildeten sicher letzte Steine des Anstoßes auf dem Wege Schopenhauers zur Philosophie als seinem Fach. Allerdings bestand zwischen dem Studenten und seinem Professor kein unkritisches Verhältnis, wovon die Mitschriften Schopenhauers samt ihren spitzen Randbemerkungen zeugen. Auch entwickelte er bald eine eigene Position zur Philosophie und ihren Aufgaben. Was er dem philosophischen Lehrer besonders dankte, war der dringende Rat, sich ausschließlich auf Plato und Kant zu konzentrieren. Schopenhauer folgte diesem Hinweis, wovon auch die Belege über die aus der Universitätsbibliothek entliehenen Bücher Auskunft geben. Neben den genannten Autoren tauchen hier auch Aristoteles und Schelling auf.

Im Herbst 1811 wechselte Schopenhauer von Göttingen an die Berliner Universität. In diesem Jahr kam es auch zu jener Begegnung mit dem alten Wieland, über die in der Folgezeit – auch und vor allem durch Schopenhauer selbst – viele Anekdoten entstanden. Christoph Martin Wieland (1733–1813) soll Schopenhauer zu sich gebeten haben, um ihm im Auftrag der Mutter die Philosophie auszureden. Die wichtigste Begründung bestand im Hinweis auf das Unpraktische und Unsolide des Philosophiestudiums und der damit verbundenen Perspektive. Doch Schopenhauer blieb bei seinem Entschluß und will geantwortet haben:

»Das Leben ist eine mißliche Sache, ich habe mir vorgesetzt, es damit hinzubringen, über dasselbe nachzudenken.« Schließlich soll Wieland sogar seinen jungen Gesprächspartner bestärkt haben: »Ja, es scheint mir jetzt, Sie haben recht getan, junger Mann, ich verstehe jetzt Ihre Natur; bleiben Sie bei der Philosophie.« Wenige Zeit später, während eines Empfangs am Hofe des Weimarer Großherzogs, soll Wieland dann der ausnahmsweise anwesenden Johanna Schopenhauer anerkennend gesagt haben, daß es ihm angenehm gewesen sei, ihren Sohn kennenzulernen, »aus dem wird noch etwas Großes werden«.

Solche und ähnliche Anekdoten existieren in nicht geringer Zahl – und die meisten wurden von Schopenhauer, wenn nicht erfunden, so doch unterstützt und verbreitet. Sie charakterisieren das Selbstbewußtsein Schopenhauers, sein Selbstwertgefühl, wie es ja auch in vielen verbürgten Handlungsweisen und belegten Äußerungen sichtbar wurde.

Mit dem Übergang nach Berlin hatte sich Schopenhauer eine zwar sehr junge, jedoch für den zukünftigen Philosophen besonders wichtige Universität gewählt. Berlin war damals bereits *die* Großstadt in Deutschland. Als Hauptstadt des mächtigen Preußen wurde sie schnell zu einer Metropole für die verschiedensten Bereiche: für Politik und Wirtschaft, für Wissenschaft und Kultur.

Erst 1810 eröffnet, zählte die Universität bereits berühmte Lehrer wie Johann Gottlieb Fichte – er wurde 1811 zum Rektor gewählt – und Friedrich Ernst Daniel Schleiermacher. Für den Altertumsforscher Friedrich August Wolf trug Schopenhauer einen Empfehlungsbrief Goethes bei sich, der ihm gute Dienste leistete. Drei Semester lang konzentrierte er sich nun auf sein Fach, die Philosophie. Er hörte bei Fichte Vorlesungen, anfänglich begeistert, später immer kritischer und ablehnender. Ähnlich gestaltete sich seine Beziehung zu Schleiermacher, dessen Vorlesungen über Geschichte der Philosophie er besuchte. Sehr intensiv blieb auch in dieser Zeit das Studium der Werke von Kant und Plato.

Mit Fichte wie auch später mit Hegel traf Schopenhauer mit einem der wichtigsten geistigen Repräsentanten der zeitgenössischen Philosophie zusammen. Bereits hier, bei der versuchten Rezeption der Ideenwelt Fichtes, zeichneten sich die Barrieren ab, die Schopenhauer von der Philosophie eines Fichte, Schelling und Hegel trennen. Wenn es zu dieser Zeit auch noch nicht zu einer gründlichen Auseinandersetzung kam — die Anmerkungen Schopenhauers zu seinen Vorlesungsmitschriften von Fichte sprechen eine eindeutige Sprache. Er nennt ihn »Talentmann«, »Windbeutel«, »Hanswurst Kants« und »Gaukler«. Nach der zehnten Vorlesung notierte er unzufrieden: »In dieser Stunde hat er außer dem hier Aufgeschriebenen Sachen gesagt, die mir den Wunsch auspreßten, ihm eine Pistole auf die Brust setzen zu dürfen und dann zu sagen: Sterben mußt du jetzt ohne Gnade; aber um deiner armen Seele Willen, sage ob du dir bei dem Gallimathias etwas deutliches gedacht hast oder uns bloß zu Narren gehabt hast?«[15]

Wie die schriftlichen Zeugnisse aus dieser Zeit belegen, arbeitete Schopenhauer konzentriert auf seine Dissertation hin, besuchte regelmäßig Vorlesungen, saß viele Stunden im Lesesaal der Bibliothek, las auch in seinem Quartier unzählige Bücher. Dieses für einen zielbewußten Studenten nicht ungewöhnliche Verhalten fiel insofern

---

15 Zit. nach: Karl Pisa: Schopenhauer, S. 229.

aus dem Rahmen, als sich zu dieser Zeit die Mehrzahl der Studenten politisch engagierte und aktiv auf die Auseinandersetzung mit der napoleonischen Unterdrückung vorbereitete. »Es weht ein hoher Atem durch die Zeit«, schrieb Ernst Moritz Arndt, das Jahr 1813 kennzeichnend, an August Graf Neidhardt von Gneisenau, »er wird hoffentlich auch bald durch unser Volk wehen ...«[16]

Schopenhauer aber wurde von diesem Atem nicht erfaßt, er war kein Akteur dieser bewegten Zeit. Wo und wie er nur konnte, wich er den sich verschärfenden Auseinandersetzungen bewußt aus. Als die Schlacht bei Lützen Anfang Mai 1813 tobte, verließ er eilig Berlin und bewegte sich über Dresden, Weimar und Jena nach Rudolstadt, um dort – völlig auf sich zurückgezogen – seine Dissertation zu vollenden. In seinem Lebenslauf schrieb er später: »In meiner Rudolstädter Zurückgezogenheit indessen fesselten mich die unaussprechlichen Reize der dortigen Gegend. Meiner ganzen Natur nach dem Militärwesen abhold, war ich glücklich, in dem nach allen Seiten hin von bewaldeten Bergen umhegten Tale jenen ganzen kriegerischen Sommer hindurch keinen Soldaten zu sehen und keine Trommel zu hören, und lag in tiefster Einsamkeit, durch nichts zerstreut oder abgezogen, ununterbrochen den abgelegensten Problemen und Untersuchungen ob.«[17]

Ganz in dieser Stimmung reichte er, ohne sich um die weltpolitischen Ereignisse vor seiner Haustür zu bekümmern, seine fertige Arbeit bei der Universität Jena ein, wo er am 2. Oktober 1813 in Abwesenheit zum Doktor promoviert wurde. Als die Völkerschlacht bei Leipzig

---

16 Ernst Moritz Arndt: Erinnerungen 1769–1815, Berlin 1985, S. 378.

17 Arthur Schopenhauer: Gesammelte Briefe, S. 654.

tobte, hielt er am 18. Oktober sein Doktor-Diplom in den Händen. Natürlich war der vielgereiste, hochgebildete angehende Philosoph keineswegs weltabgewandt im Sinne eines stubenhockenden Gelehrtentyps, wie man ihn auf Bildern von Spitzweg sehen kann. Er war über die Ereignisse informiert, nahm sie also wahr, interpretierte und wertete sie — für sich. Er war sich sogar dieser für seine Zeit so ganz und gar nicht typischen Haltung bewußt. An seinen Lehrer an der Berliner Universität Wolf schrieb er, als er ihm seine Dissertation übersandte: »Ich bin, wie Sie sehn, den Musen auch unter dem allgemeinen Waffengetümmel treu geblieben. Vielleicht wird es Mancher tadeln: aber ich bin mir bewußt, Recht getan zu haben, daß ich nicht in einen Wirkungskreis trat, in welchen ich nichts als guten Willen hätte zeigen können, und dafür einen verließ, in welchem ich, wenn die Götter es zulassen, mehr zu leisten hoffe.«[18]

Ganz sicher spielte bei dieser Haltung auch eine Rolle, daß Schopenhauer ein anderes, engeres Verhältnis zu Frankreich besaß, ja daß er bereits frühzeitig kosmopolitisch erzogen worden war. Entscheidend blieb aber doch wohl seine Aversion gegen das Politische überhaupt und im persönlichen Leben im besonderen.

Mit seiner Dissertation hatte Schopenhauer einen ersten — und wie sich zeigte, einen gewichtigen — Schritt auf dem Wege zur Ausarbeitung des theoretischen Gebäudes seiner Philosophie getan. Von ihrer ersten Fassung über die zweite Ausgabe von 1847 bis zu der nach Schopenhauers Tod erschienenen dritten Auflage (von Frauenstädt 1864 herausgegeben) hat er ständig Änderungen und Ergänzungen an dieser erkenntnistheoretischen Begründung seiner Positionen vorgenommen. »Über die vierfache Wur-

18 Ebenda, S. 7.

zel des Satzes vom zureichenden Grunde«, wie der Titel der Arbeit lautete, ist von Schopenhauer immer wieder – und weitaus häufiger, als das sonst bei einer Dissertation der Fall ist – zitiert, benannt, in Erinnerung gerufen worden.

Bei seiner Mutter allerdings fand er wenig Anerkennung mit seiner wissenschaftlichen Erstlingsarbeit. Wie in einer Anekdote berichtet wird, soll sie spöttisch gefragt haben, ob denn die vierfache Wurzel etwas für Apotheker sei. Sicher ist, daß sich bald nach der Rückkehr Arthurs aus Rudolstadt nach Weimar im Herbst 1813 der Konflikt zwischen Mutter und Sohn sehr zuspitzte. Johanna Schopenhauer lebte zu dieser Zeit mit dem am Weimarer Hof tätigen Regierungsrat von Gerstenbergk (Georg Friedrich Konrad Ludwig Müller) zusammen. Arthur nahm an dieser Verbindung Anstoß. Gerstenbergk war fünfzehn Jahre jünger als seine Mutter; es kam zu Zusammenstößen zwischen den beiden Männern. Zwar gab es verschiedene Versuche, den Bruch zu verhindern oder zumindest hinauszuzögern, doch verließ Schopenhauer im Mai 1814 Weimar und hat seine Mutter bis zu ihrem Tode 1838 nicht wiedergesehen. Zu Beginn der Trennung und kurz vor Johannas Tod gab es noch einen spärlichen Briefwechsel, aber insgesamt muß man wohl von einem totalen Bruch sprechen. Johanna Schopenhauer verbrannte alle Briefe ihres Sohnes, verbot ihrer Tochter Adele zeitweilig sogar den brieflichen Kontakt mit dem Bruder und enterbte ihren Sohn mehrfach. Über die Beziehungen der zu ihrer Zeit erfolgreichen Schriftstellerin Johanna Schopenhauer und des lange Zeit kaum beachteten Philosophen Arthur Schopenhauer ist viel geschrieben worden. Lange Zeit wurde darum gestritten, wem man die Schuld an diesem tiefen Zerwürfnis geben müsse, wer denn der negative Pol in dieser Beziehung gewesen sei. Auch psychoanalytische Ausdeutungen fehlen nicht, wobei die starke Vater-Prägung Arthurs betont wird. Auf der einen Seite werden die Bequemlichkeit, die Eitelkeit und ein gewisser Egozentrismus der Johanna hervorgehoben, auf der anderen Seite die Eigenschaften des »Sonderlings« Arthur.[19]

Hier soll diese Diskussion nicht fortgesetzt werden, wenn sie wohl auch nicht ganz bedeutungslos für die Ausprägung der theoretischen Haltung Schopenhauers zu den Frauen und ihrem Platz in der Gesellschaft ist. Sicher spielen die persönlichen Eigenarten der Beteiligten eine Rolle. Keineswegs darf man dabei jedoch stehenbleiben oder erblich bedingte krankhafte Züge bei Arthur als Ursache ansehen. Viel wichtiger für die Erklärung dieses Konflikts erscheint das Aufeinanderprallen recht gegensätzlicher materieller Interessen. Johanna Schopenhauer konnte unter den damaligen Zeitverhältnissen ihr für eine bürgerliche, verwitwete Frau untypisches relativ selbständiges Leben nur auf der Basis einer gesicherten ökonomischen Grundlage führen. Ihr »aufgeklärter Salon« unterschied sich darin nicht von anderen ähnlichen Treffpunkten — höchstens dadurch, daß beispielsweise Rahel von Varnhagen in Berlin auf einer stabileren Existenzgrundlage operierte. Um diese materielle Sicherung der unabhängigen Existenz als Gelehrter ging es aber auch Arthur. Natürlich wäre es zu einfach, oberflächlich und gradlinig, alle Spannungen und Konflikte zwischen beiden auf Geldgier oder Finanzsorgen zurückzuführen. Aber hinter den Idealen und geistigen Interessen der Johanna, hinter ihrem emanzipatorischen Ge-

19 So wird in der Einleitung zu den 1978 herausgegebenen Memoiren und Briefen der Johanna Schopenhauer der »weltflüchtige Pessimist«, der ungesellig, unverträglich, übellaunisch und extrem krankhaft selbstbewußt gewesen sein soll, der »heiteren, sympathischen, liebenswürdigen« Frau Johanna gegenübergestellt. Johanna Schopenhauer: Ihr glücklichen Augen, S. 5 ff.

stus und ihrem aufklärerischen Auftreten stand ebenso wie hinter dem exakten und produktiven Lebens- und Arbeitsrhythmus von Arthur die ständige Furcht vor dem Verlust dieses Lebens durch den Verlust der dafür unbedingt erforderlichen Mittel. Gerade die Kleinlichkeit der Verhältnisse ließ Verluste zu privaten Katastrophen werden. Und darum hat jeder mit allen Mitteln dieses eigene Leben mit seiner Existenzbasis gegen den anderen abgegrenzt und verteidigt.

Der Entschluß Schopenhauers, Weimar den Rücken zu kehren und damit den Zwistigkeiten und Redereien zu entkommen, verknüpfte sich mit der Absicht, Dresden als seinen neuen Aufenthaltsort zu wählen. Im April 1814 schrieb er dazu: »Mein beß'res und eigentliches Leben ist mein philosophisches Studium, dem ich alles übrige tief untergeordnet, ja es ist nur eine leichte Zugabe dazu. Da ich aber wählen kann, wünsche ich mir einen Aufenthalt der mir schöne Natur, Gegenstände der Kunst und wissenschaftliche Hülfsquellen darbietet und mich auch die nöthige Ruhe finden läßt. Dies alles habe ich, so weit ich auch gereist bin, nirgends so schön vereinigt gesehn als in Dresden.«[20]

Die Vorzüge Dresdens, die Schopenhauer hier hervorhebt, waren keineswegs euphorisch überhöht. Dresden mit seinen rund 57000 Einwohnern hatte zwar unter den kriegerischen Auseinandersetzungen des Jahres 1813 schwer gelitten: Ein Fünftel bis ein Sechstel der Einwohner war ums Leben gekommen, gewaltige materielle Zerstörungen waren entstanden, die etwa 27 Millionen Taler betrugen. Trotzdem gelang es verhältnismäßig schnell, die größten Schäden zu beseitigen.

Auch das geistige Leben war keineswegs zum Erliegen

---

20 Arthur Schopenhauer: Gesammelte Briefe, S. 10.

gekommen. Dresden wurde zu einem Zentrum der frühen Romantik. In der Malerei wirkte Caspar David Friedrich (1774–1840) mehr als vierzig Jahre in der Stadt. Von 1813 bis 1815 lebte E. T. A. Hoffmann (1776–1822) in der sächsischen Metropole; 1817 kam Carl Maria von Weber (1786–1826) als Kapellmeister und Musikdirektor an das Dresdner Hoftheater. Allerdings wurden die Auswirkungen der politischen Reaktion – vor allem nach dem Wiener Kongreß von 1815 – gerade auch in Sachsen spürbar. Weber schrieb über das Dresdner Klima dieser Jahre, »daß hier eine lähmende, jeden hohen Schwung hinderne Luft von oben und von allen Seiten weht, daß ich mehr leisten könnte und würde, wenn ich fortginge, aber ich kann aus dem verflucht hübschen Nest nicht heraus.«[21]

Für Schopenhauer waren die vier Dresdner Jahre von 1814 bis 1818 die wichtigsten in seiner bisherigen Entwicklung. Er suchte zwar keinen Anschluß an die das geistige Niveau der Stadt bestimmenden Kräfte, doch lebte er in einem durchaus nicht kleinen Freundeskreis, in dem Literaten der »Dresdner Abendzeitung« ebenso agierten wie der Gartenkünstler und Reiseschriftsteller Fürst Herrmann von Pückler-Muskau (1785–1871) und der Spätaufklärer und Völkerrechtsphilosoph Karl Christian Friedrich Krause (1781–1832). Der Lebensrhythmus Schopenhauers wurde bestimmt durch konzentrierte Arbeit in der Landesbibliothek im Japanischen Palais, durch häufige Aufenthalte in der Gemäldegalerie, durch regelmäßige Theaterbesuche und nicht zuletzt durch tägliche ausgedehnte Spaziergänge, die seither zu seinem Lebensstil gehörten.

In diesen Jahren reifte das philosophische System Schopenhauers, entwickelte er sich zum Philosophen, der seine

21 Zit. nach: Dresden. Geschichte der Stadt in Wort und Bild, Berlin 1984, S. 81.

eigenen Ansichten vortragen wollte mit dem Ziel, die Philosophie der Zeit in seinem Sinne zu beeinflussen. »Was macht den Philosophen? Der Muth keine Frage auf dem Herzen zu behalten«, notierte er in dieser Zeit.[22] Er verfügte über ein solides philosophisches Wissen, kannte sich in der Geschichte der Philosophie und den gegenwärtigen Richtungen aus und war davon überzeugt, mit seinen Ansichten weltanschaulich auf die Welt einwirken zu können. Was er von der Philosophie erwartete und wie er die Aufgabe der Philosophie für sich verstand, wird in einer Notiz deutlich, die er schon 1811 im Harz aufgeschrieben hatte: »Die Philosophie ist eine hohe Alpenstraße, zu ihr führt nur ein steiler Pfad über spitze Steine und stechende Dornen: er ist einsam und wird immer öder, je höher man kommt, und wer ihn geht, darf kein Grausen kennen, sondern muß alles hinter sich lassen und sich getrost im kalten Schnee seinen Weg selbst bahnen. Oft steht er plötzlich am Abgrund und sieht unten das grüne Tal: dahin zieht ihn der Schwindel gewaltig hinab; aber er muß sich halten und sollte er mit dem eigenen Blut die Sohlen an die Felsen kleben. Dafür sieht er bald die Welt unter sich, ihre Sandwüsten und Moräste verschwinden, ihre Unebenheiten gleichen sich aus, ihre Mißtöne dringen nicht hinaus, ihre Rundung offenbart sich. Er selbst steht immer in reiner, kühler Alpenluft und sieht schon die Sonne, wenn unten noch schwarze Nacht liegt.«[23]

Als Schopenhauer am 23. September 1818 Dresden verließ, war das noch kein endgültiger Abschied. Erst mit seiner Übersiedlung nach Berlin im Frühjahr 1820 und nach

---

22 Arthur Schopenhauer: Der handschriftliche Nachlaß in fünf Bänden. Band 1: Frühe Manuskripte 1804–1818, München 1985, S. 126.

23 Zit. nach: Karl Pisa: Schopenhauer, S. 221.

einem letzten längeren Aufenthalt zwischen September 1824 und April 1825 verabschiedete er sich für immer von dieser für ihn so wichtigen Stadt. Doch als er in jenen Septembertagen 1818 zu seiner ersten Italienreise aufbrach – 1822/23 folgte noch eine zweite Reise in den Süden –, hatte er sich seine Philosophie geschaffen – in einem klaren System, von dem er zutiefst überzeugt war.[24] In Erwartung des Buches »Die Welt als Wille und Vorstellung« und dessen Wirkung auf die Menschen seiner Zeit vergingen die nächsten Monate in Venedig und Florenz, in Rom, Neapel und Mailand. Es war die Pause zwischen einem angespannten Schaffensprozeß und der nächsten Aufgabe, die Schopenhauer zuversichtlich als Etappe seines Wirkens und seiner Wirkung erhoffte. Schopenhauer als Philosoph existierte zu dieser Zeit bereits – nur wußte es außer ihm noch keiner. Und das sollte lange Jahre so bleiben.

---

24 Vgl. Yasuo Kamata: Der junge Schopenhauer. Genese des Grundgedankens der Welt als Wille und Vorstellung, Freiburg/München 1988.

Die Philosophie eines einzigen Gedankens

Was Philosophie ist, was sie zu leisten vermag, wem sie dient, woher sie kommt und wohin sie sich bewegt — all das sind Fragen, die das theoretische Denken immer wieder neu bewegt haben und die zu den unterschiedlichsten Antworten herausgefordert haben. Doch bei aller Verschiedenheit und auch Gegensätzlichkeit der Standpunkte wurde stets betont, daß im Zentrum Fragen wie die nach dem Weltganzen und seinen bewegenden Kräften, nach dem Menschen und seinen Interessen, nach der Gesellschaft und ihren Grundlagen, nach dem Guten und Schönen, nach Leben und Tod stehen.

Für die Philosophie ist so das Bemühen charakteristisch, das Ganze des uns umgebenden Raumes und der gegebenen Zeit zu erfassen und möglichst einsichtig zu machen. Dazu bedarf es erheblicher denkerischer Anstrengungen. Es geht ja nicht einfach darum, Wissen zu sammeln, Dinge zu beschreiben, Zusammenhänge darzustellen. Vielmehr kommt es darauf an, in die wesentlichen Ursachen, die entscheidenden Bedingungen, die charakteristischen Züge der Welt einzudringen. Und ob der einzelne Philosoph nun seine Erkenntnisse in knappen Aphorismen mitteilt oder in umfänglichen Schriften formuliert, ob er eine kühne Hypothese in die Welt schleudert oder in beharrlicher Arbeit detaillierte Belege und Beweise zusammenbringt — immer geht es letztlich darum, der Wirklichkeit und der Wahrheit über sie auf die Spur zu kommen.

Dabei spielt das Bemühen um ein logisches, in sich stimmiges System der Darstellung seit jeher eine große Rolle. Die Komplexität des Gegenstandes, mit dem es die Philosophie zu tun hat, zwingt ihr beinahe diese Gestalt des theoretischen Systems in der Darstellung auf. Solche Systeme, in denen die Welt als Ganzes einer Gesamtschau und Deutung unterzogen wird, in denen Totalität angestrebt wird, entstehen zumeist in einem langwierigen, widersprüchlichen und komplizierten Schaffensprozeß. Einzelne Bestandteile, Ansichten und Ideen reifen zu unterschiedlichen Zeiten, wachsen zusammen oder werden auch künstlich zusammengefügt. Nicht selten bleiben solche Systeme bruchstückhaft; nicht wenige verwandeln sich im Laufe der Zeit in Ruinen; manche werden zu Baustellen anderer, neuerer Systeme. Die Geschichte der Philosophie kennt unzählige Beispiele vom Wachsen und Werden, vom Verändern und Altern philosophischer Anschauungen in Gestalt solcher Systeme.

Bei Arthur Schopenhauer ist das alles anders. Auch er ist ein Systemdenker. Auch er strebt danach, seine Zeit und die Welt auf den seiner Meinung nach richtigen Begriff zu bringen. Nur: Sein System steht frühzeitig fertig da; alles Spätere ist eigentlich nur Erklären, Ausschmücken und Ergänzen. »Das Werk des Dreißigjährigen bleibt bestehen — im Grundriß unverändert und nur immer wieder durch fortführende und vertiefende Betrachtungen bereichert. Es gibt keine Fortentwicklung des Weltbildes, keine inneren Kämpfe und Wandlungen — Arthur Schopenhauer wird zum alten Manne über der geduldigen Sicherung und Erhaltung dessen, was ein Geschenk seiner

Jugend war ...«[1] Er hatte in einem ersten Ansturm sein System geschaffen, all sein Wissen, seine Erkenntnisse dafür uneingeschränkt eingesetzt, mit der Unbekümmertheit und Rigorosität der Jugend.

Friedrich Nietzsche schrieb später: »Das Lebensalter, in dem ein Philosoph seine Lehre fand, klingt aus ihr heraus, er kann es nicht verbieten, so erhaben er sich auch über Zeit und Stunde fühlen mag. So bleibt Schopenhauers Philosophie das Spiegelbild der hitzigen und schwermütigen *Jugend* – es ist keine Denkweise für ältere Menschen ...«[2]

Schopenhauer hat rückblickend seine Schaffensweise selbst zu der theoretischen Ansicht verallgemeinert, daß man solche Leistungen wie seine Philosophie nur in jungen Jahren erbringen könne. Wie in vielen anderen Fragen auch ging Schopenhauer hierbei wohl zu vorschnell von seinen Erfahrungen und seinem besonderen Lebensweg aus. Doch richtig bleibt, daß solche konzentrierte Leistung, solche gleichsam in einem Atem geschriebene Philosophie ohne jugendlichen Elan und enorme geistige Spannkraft nicht möglich gewesen wäre.

Schopenhauer schrieb den ersten Band seines Hauptwerks in recht kurzer Zeit, zwischen März 1817 und März 1818, wie in einem Zuge herunter. Allerdings hatte er an diesem seinem System etwa fünf Jahre konzentriert gearbeitet, bis es in der für ihn gültigen Gestalt vorlag. Bis zu dieser Zeit waren lediglich seine Dissertation »Über die vierfache Wurzel des Satzes vom zureichenden Grunde« (1813) sowie die kleine Schrift »Über das Sehn und die Farben« ausgearbeitet, die er 1815 geschrieben hatte und

1 Arthur Hübscher: Zur Einführung. In: Arthur Schopenhauer: Welt und Mensch, Stuttgart 1971, S. 3.

2 Friedrich Nietzsche: Menschliches, Allzumenschliches. Zweiter Band. In: Werke. Hrsg. Karl Schlechta, Band I, Frankfurt a. M. 1976, S. 837.

1816 erscheinen ließ und mit der er Goethe beeindruckte. Wenn er auch später betonte, die Dissertation sei »nachmals der Unterbau meines ganzen Systems geworden«[3], so muß doch davon ausgegangen werden, daß mit seiner zweiten Arbeit das philosophische System in einem Wurf entstanden war. »Überhaupt darf ich kühn behaupten, daß nie ein philosophisches System so ganz aus *einem Stück* geschnitten war wie meines, ohne Fugen und Flickwerk«, heißt es selbstbewußt.[4] Überzeugt von der Klarheit und Einsichtigkeit seiner Philosophie meinte er: »Wenn einmal die Zeit gekommen sein wird, wo man mich liest, wird man finden, daß meine Philosophie ist wie Theben mit hundert Toren: von allen Seiten kann man hinein und durch jedes auf geradem Wege bis zum Mittelpunkt gelangen.«[5]

Diese hohe Meinung von seinem Hauptwerk resultierte bei Schopenhauer sicher nicht allein aus einem gesunden Selbstbewußtsein. Er sah in seinem Buch die Darstellung eines einzigen Gedankens verkörpert. Der entscheidende Gedanke, nach dem »man unter dem Namen der Philosophie sehr lange gesucht hat«[6], er, Schopenhauer, habe ihn endlich gefunden und teile ihn hier mit. Er wollte ganz sicher sein, daß jeder diesen einen — seinen — Gedanken auch exakt erfasse. Daher bestimmte er ihn als Titel des Werkes: *Die Welt als Wille und Vorstellung.*

Damit wird das Programm einer Philosophie signalisiert:

---

3 Arthur Schopenhauer: Über die vierfache Wurzel des Satzes vom zureichenden Grunde. In: Sämtliche Werke, Band III, Hrsg. Wolfgang Freiherr von Löhneysen, Leipzig 1979, S. 7.

4 Arthur Schopenhauer: Über den Willen in der Natur. In: Ebenda, S. 474.

5 Arthur Schopenhauer: Die beiden Grundprobleme der Ethik. In: Ebenda, S. 483/484.

6 Arthur Schopenhauer: Die Welt als Wille und Vorstellung I. In: Sämtliche Werke, Band I, S. 7.

Es geht um die Bestimmung der Welt, um ihr Wesen, ihre Triebkräfte, um das, was sie im Innersten zusammenhält und um den Platz des Menschen in dieser Welt, die für Schopenhauer in zweierlei Gestalt existiert: als Vorstellung — das ist die uns bekannte Wirklichkeit — und als Wille — das aber ist das Wesen, das unerkennbar als Ding an sich letztlich alles bestimme. Vorstellung und Wille erscheinen als die beiden zentralen Kategorien, mit denen man die Welt erkennt und versteht. Sie bilden den Schlüssel zu den sichtbaren Dingen und zu den verborgenen Zusammenhängen. So wenig neu jeder Begriff für sich war, so sehr betonte Schopenhauer das Neuartige ihres Zusammenhanges sowie der bestimmenden Rolle des Willens in diesem Zusammenhang.[7] »Ich habe daher eine Veränderung am *Fundament* der Philosophie vorgenommen, indem ich den *Willen* als von der Erkenntniß unabhängig, und *als das Erste,* das wahrhaft metaphysische Ding an sich setze ... Dies ist eine so entscheidende und fundamentale Umwälzung der Philosophie, daß sie notwendig eine Hauptperiode bezeichnen muß«, notierte er später in seiner Frankfurter Zeit.[8]

Natürlich kann man mit zwei Kategorien, und seien sie noch so bedeutsam, auch das einfachste philosophische System nicht erklären. Schopenhauer wäre ein schlechter Philosoph echter deutscher Schule — und er verstand sich ja

---

7 »Der alte Sprachgebrauch besagte, daß das Wort Wille die Vorstellung von einem Gefühl bedeute, das unseren Handlungen häufig vorauszugehen pflegt. Schopenhauer lehnt diese Bedeutung ab; der Wille sei keine Vorstellung, der Wille sei die Handlung, von innen gesehen ...« Fritz Mauthner: Schopenhauer, München/Leipzig 1912, S. 91.

8 Arthur Schopenhauer: Der handschriftliche Nachlaß in fünf Bänden. Hrsg. Arthur Hübscher. Band 4.1: Die Manuskriptbücher der Jahre 1830—1852, München 1985, S. 155.

als der einzig berechtigte und wohl auch größte Nachfahre von Immanuel Kant –, wenn er es nicht vermocht hätte, diesen einen Gedanken in einem »organischen Bau« in viele Teile zu zerlegen und wieder zusammenzufügen. Ebendas geschieht in den vier Hauptteilen des Buches, die nichts anderes sein sollen als »vier Gesichtspunkte des einen Gedanken«.[9]

Der erste Gesichtspunkt enthält die Welt als *Vorstellung*, wie sie als Objekt der Erfahrung und der Wissenschaft existiert. »Keine Wahrheit ist also gewisser, von allen andern unabhängiger und eines Beweises weniger bedürftig als diese, daß alles, was für die Erkenntnis da ist, also diese ganze Welt, nur Objekt in Beziehung auf das Subjekt ist, Anschauung des Anschauenden, mit einem Wort: Vorstellung.«[10] Die Welt als Vorstellung besitzt demnach zwei wesentliche, notwendige und untrennbare Hälften, nämlich das Objekt, dessen Form Raum und Zeit sind, und das Subjekt, das ungeteilt in jedem vorstellenden Wesen liegt, nicht aber in Zeit und Raum. Unter Einbeziehung des von ihm so benannten Satzes vom zureichenden Grunde, wonach »immer und überall jegliches nur *vermöge eines andern* ist«[11], entwickelte Schopenhauer seine erkenntnistheoretische Grundposition. Daraus leitete er die Formen einer »anschaulichen Vorstellung« wie Zeit, Raum, Kausalität – mit dem Verstand als subjektivem Ausdruck – ab, aber auch den Inhalt einer »abstrakten Vorstellung«, wie das Denken, die Logik und die Vernunft. Der Erläuterung seiner Kategorien und Begriffe, die er für sein erkenntnistheoretisches Fundament benötigte, widmete Schopenhauer viel

9 Arthur Schopenhauer: Die Welt als Wille und Vorstellung I, S. 9.

10 Ebenda, S. 31.

11 Arthur Schopenhauer: Über die vierfache Wurzel des Satzes vom zureichenden Grunde, In: Sämtliche Werke, Bd. III, S. 187.

Raum und größte Aufmerksamkeit. Immer wieder suchte er nach Belegen und Beispielen für seine Interpretationen, für das Verständnis der einzelnen, in der Philosophie ja nicht so neuartigen Kategorien. In seinen Berliner Vorlesungen aus dem Jahre 1820, wo das ständige Ringen um mehr Anschaulichkeit deutlich hervortritt, begann er seine Erklärungen mit der Frage nach dem Objekt und dem Subjekt und ihren Beziehungen, erläuterte sodann die Vielfalt und Verschiedenheit der anschaulichen Vorstellung wie Zeit, Raum, Kausalität, Materie, Verstand und der abstrakten Vorstellung wie Logik, Begriff, Urteil, Wahrheit, Schlüsse, Vernunft, um erst dann, faktisch als krönenden Abschluß, den Satz vom Grunde einzuführen.

Die erkenntnistheoretische Grundauffassung, die hier vorgeführt wird und die programmatisch unter der Behauptung zusammengefaßt werden kann: »die Welt ist meine Vorstellung«, ist nun keineswegs eine Erfindung Schopenhauers. Er hat sie in der Geschichte des Denkens vor allem bei George Berkeley (1684–1753) ausgearbeitet vorgefunden, was er auch vorbehaltlos anerkannte. »Berkeley«, so schrieb er, wurde »der Urheber des eigentlichen und wahren *Idealismus*, d. h. der Erkenntnis, daß das im Raum Ausgedehnte und ihn Erfüllende, also die anschauliche Welt überhaupt, sein Dasein als ein solches schlechterdings nur in unserer *Vorstellung* haben kann und daß es absurd, ja widersprechend ist, ihm als einem solchen noch ein Dasein außerhalb aller Vorstellung und unabhängig vom erkennenden Subjekt beizulegen und demnach eine an sich selbst existierende Materie anzunehmen. Dies ist eine sehr richtige und tiefe Einsicht ...«[12]

Der Name des englischen Bischofs Berkeley steht in der

12 Arthur Schopenhauer: Parerga und Paralipomena I. In: Sämtliche Werke, Band IV, S. 23/24.

Geschichte der Philosophie für einen geradezu klassischen subjektiven Idealismus. Zwar nutzte Karl Marx ihn vor allem als Theoretiker des Geldes, nannte ihn dabei aber zugleich einen »Vertreter eines mystischen Idealismus in der englischen Philosophie«[13]. Und W. I. Lenin beschäftigte sich bei seinen philosophischen Studien sogar recht ausführlich mit Berkeley, jenem »alten Idealisten«, der nach Lenin wenigstens noch mit Klarheit, Geradheit und Deutlichkeit seine Grundanschauungen aussprach.[14]

Schopenhauer folgte erst einmal zustimmend dieser offen subjektiv-idealistischen Auffassung. Der Verstand habe die objektive Welt erst zu schaffen; keineswegs sei sie vorher fertig und käme etwa durch die Sinne in den Kopf. »Die Sinne nämlich liefern nichts weiter als den rohen Stoff, welchen allererst der Verstand mittelst der angegebenen einfachen Formen, Raum, Zeit und Kausalität, in die objektive Auffassung einer gesetzmäßig geregelten Körperwelt umarbeitet.«[15]

Von dieser Grundhaltung her polemisierte Schopenhauer immer wieder energisch gegen den Materialismus, dessen »Grundabsurdität« darin bestehe, daß er vom Objektiven ausgeht und das Objektive als letzten Erklärungsgrund annimmt. »Alles Objektive, Ausgedehnte, Wirkende, also alles Materielle, welches der Materialismus für ein solides Fundament seiner Erklärungen hält, ... ist nur höchst mittelbar und bedingterweise Gegebenes, demnach nur re-

---

13 Karl Marx: Zur Kritik der politischen Ökonomie. Erstes Heft. In: Karl Marx/Friedrich Engels: Gesamtausgabe (MEGA), Zweite Abteilung, Band 2, Berlin 1980, S. 151.

14 W. I. Lenin: Materialismus und Empiriokritizismus. In: Werke, Bd. 14, S. 13ff.

15 Arthur Schopenhauer: Über die vierfache Wurzel des Satzes vom zureichenden Grunde. In: Sämtliche Werke, Bd. III, S. 69/70.

lativ Vorhandenes: denn es ist durchgegangen durch die Maschinerie und Fabrikation des Gehirns ...«[16]

Schopenhauer opponierte aber nicht nur gegen den Materialismus als »die Philosophie des bei seiner Rechnung sich selbst vergessenden Subjekts«[17], sondern auch gegen die »Scheinphilosophie« eines Fichte, an der er kritisierte, daß sie vom Subjekt ausgehe, um daraus das Objekt hervorzutreiben. Beiden von ihm abgelehnten Denkrichtungen hielt er entgegen, daß es kein Objekt ohne Subjekt geben könne, ebensowenig wie es ein Subjekt ohne Objekt gebe. »Es ist ebenso wahr, daß das Erkennende ein Produkt der Materie sei, als daß die Materie eine bloße Vorstellung des Erkennenden sei: aber es ist auch ebenso einseitig.«[18]

Erhält hier der *eine* Gedanke Schopenhauers nicht einen Sprung? Teilt er sich nicht unzulässig in zwei auf – entsprechend den zwei verschiedenen Antwortmöglichkeiten? Nicht zufällig sehen seit jeher Interpreten, Anhänger und Kritiker des Philosophen hier einen schwachen oder zumindest komplizierten Punkt seiner Theorie. Während ihm die einen den aufhebbaren Widerspruch vorwerfen, rühmen die anderen darin den Vorzug seiner Philosophie. Einer der frühen kritischen Interpreten Schopenhauers, der Philosophiehistoriker Johannes Volkelt, dessen Arbeit auch heute noch lesenswert ist, meinte an dieser Stelle bei Schopenhauer eine »Neigung zum Materialismus« zu sehen.[19] Er bestätigte, daß die Lehre von der Materie ein »besonders schwieriges und dunkles Stück der Schopenhauer-

---

16 Arthur Schopenhauer: Die Welt als Wille und Vorstellung I, S. 63.

17 Arthur Schopenhauer: Die Welt als Wille und Vorstellung II. In: Sämtliche Werke, Band II, S. 405.

18 Ebenda, S. 23.

19 Johannes Volkelt: Arthur Schopenhauer, Stuttgart 1923 (5. Aufl.), S. 86.

schen Erkenntnistheorie« darstelle.[20] Für den heutigen Philosophiehistoriker Volker Spierling setzte sich Schopenhauer mit dieser seiner Haltung zwar zwischen die Stühle, und letztlich sei er »kein transzendentaler Idealist mehr, aber auch kein Materialist — wohl aber ist er ›irgendwie‹ beides zugleich«.[21] Jedoch wertet er diese innere Widersprüchlichkeit gerade als Ursache der Dynamik und damit als Stärke der Philosophie Schopenhauers. Und Alfred Schmidt, der sich immer wieder mit verschiedenen Bestandteilen der Philosophie Arthur Schopenhauers befaßt, sieht in dieser inneren Unabgeschlossenheit den besonderen Reiz: »Seine Philosophie — das gehört zu ihrem Reiz — läßt sich unmittelbar weder für noch gegen den Materialismus in Anspruch nehmen. Sie ist der Schauplatz einer lebendigen, letztlich unabgeschlossenen Debatte — keine fertige Doktrin. In ihr arbeiten sich in eigenartiger Zirkularität und Wechselbeziehung idealistische und materialistische Tendenzen aneinander ab, und zwar auf instruktive Weise. Ein — noch keineswegs hinreichend behobener — Mangel alles bisherigen Materialismus besteht darin, daß er erkenntniskritische Fragen, nur weil sie bislang idealistisch behandelt wurden, in ihrem Sachgehalt unterschätzte, häufig gar ignorierte. An Schopenhauer hat gerade heute materialistisches Denken sich zu bewähren. Es darf hinter das bei ihm Erreichte nicht zurückfallen.«[22]

War Schopenhauer tatsächlich »irgendwie« zugleich Ma-

---

20 Ebenda, S. 101.

21 Volker Spierling: Erkenntnis und Natur. In: Arthur Schopenhauer: Metaphysik der Natur. Hrsg. Volker Spierling, München/Zürich 1984, S. 37.

22 Alfred Schmidt: Schopenhauer und der Materialismus. In: 58. Schopenhauer-Jahrbuch 1977, Frankfurt (M.) 1977, S. IX. Vgl. auch: Alfred Schmidt: Drei Studien über Materialismus, München/Wien 1977.

terialist und Idealist? Schlugen bei ihm spontan Tendenzen beider Grundlinien des philosophischen Denkens durch?

Aus der Gesamtheit seiner Bemühungen wird zuerst einmal deutlich, daß er sich darum nicht herumdrücken wollte, eine klare Antwort auf die Frage nach Materialismus oder Idealismus für sich und seine Philosophie zu geben. Für ihn hatte die Suche nach einer Antwort auf diese Frage Sinn und Gewicht, denn erst damit sei dem eigenen Standpunkt ein sicheres Fundament gegeben. Dabei hielt er sowohl die materialistische als auch die idealistische Beantwortung dieser Frage für berechtigt – aber für nicht ausreichend, da stets einseitig. Als Hauptgrund für diese Einseitigkeit gab er an, daß beide Antworten in der Welt als Vorstellung verblieben. Doch die Welt als Vorstellung sei keineswegs die einzige Welt; sie bilde vielmehr nur die eine, gleichsam äußere Seite der Welt. Die andere Seite, das innere Wesen der Welt, das Ding an sich bestehe dagegen im Willen – eben der Welt als Wille! Und in dieser Welt gelten nach Schopenhauer andere Probleme und Fragestellungen.

Wie schrieb Lenin über den geistigen Vorfahren Schopenhauers, den Bischof Berkeley? »Doch war Berkeley nicht nur offenherzig hinsichtlich der Tendenzen seiner Philosophie, sondern er versuchte auch ihre idealistische Blöße zu bemänteln und sie als frei von Ungereimtheiten und für den ›gesunden Menschenverstand‹ annehmbar darzustellen.«[23] Auch hier folgte Schopenhauer seinem Vorgänger – und entdeckte den Willen.

Der Wille stellte für Schopenhauer eine Art Zauberwort dar, mit dem man das innere Wesen jedes Dinges in der Natur aufschließen könne, sich dabei aber selbst jedem kri-

---

23 W. I. Lenin: Materialismus und Empiriokritizismus. In: Werke, Bd. 14, S. 19.

tischen Befragen, jeder Neugier, jedem theoretischen Zugriff entziehe. Der Begriff *Wille* – und damit kommen wir zum zweiten und entscheidenden Gesichtspunkt des *einen* Gedankens – »ist der einzige unter allen möglichen, welcher seinen Ursprung *nicht* in der Erscheinung, *nicht* in bloßer anschaulicher Vorstellung hat, sondern aus dem Innern kommt, aus dem unmittelbarsten Bewußtsein eines jeden hervorgeht, in welchem dieser sein eigenes Individuum seinem Wesen nach unmittelbar ohne alle Form, selbst ohne die von Subjekt und Objekt erkennt und zugleich selbst ist, da hier das Erkennende und das Erkannte zusammenfallen.«[24] Der Wille kann demnach nie Ursache sein, denn was an sich Wille ist, ist andererseits als Vorstellung da, ist also Erscheinung. Die Welt, in der wir leben, ist danach durch und durch Wille und zugleich durch und durch Vorstellung.

Hier haben wir es mit dem Kern des Schopenhauerschen Systems zu tun. In einer späteren Arbeit »Über den Willen in der Natur« hat der Philosoph versucht, diesen Kern auf eine knappe Formel zu bringen: »Ich sehe also erstlich *den Willen, als Ding an sich,* völlig Ursprüngliches; zweitens seine bloße Sichtbarkeit, Objektivation, den Leib; und drittens die Erkenntnis, als bloße Funktion eines Teils dieses Leibes. Dieser Teil selbst ist das objektivierte (Vorstellung gewordene) Erkennenwollen, indem der Wille zu seinen Zwecken der Erkenntnis bedarf. Diese Funktion nun aber bedingt wieder die ganze Welt als Vorstellung, mithin auch den Leib selbst, sofern er anschauliches Objekt ist, ja die Materie überhaupt, als welche nur in der Vorstellung vorhanden ist. Denn eine objektive Welt ohne ein Subjekt, in dessen Bewußtsein sie dasteht, ist, wohler-

---

24 Arthur Schopenhauer: Die Welt als Wille und Vorstellung I, S. 172/173.

wogen, etwas schlechthin Undenkbares. Die Erkenntnis und die Materie (Subjekt und Objekt) sind also nur relativ für einander da und machen die *Erscheinung* aus.«[25]

Was er hier in Kurzfassung mitteilt, nannte Schopenhauer seine »Fundamentalveränderung«. Auf diese seine originale Leistung in der Philosophie war er sehr stolz. Nun stehe die Sache so, meinte er, wie sie noch nie gestanden habe! Das klingt nach Hochmut, von dem man bei Schopenhauer nicht wenig findet. Doch in diesem Zusammenhang handelt es sich wohl eher um eine »normale« Reaktion. Gerade wenn es darum geht, unter den konkurrierenden Ansichten, Theorien und Hypothesen seinen eigenen Standpunkt deutlich zu machen, wenn es darauf ankommt, offen zu bekennen – oder auch ängstlich zu verschweigen –, an wen man sich anlehnt, wen man strikt ablehnt, ist eine solche Positionsbestimmung, das Hervorstreichen der eigenen, besonderen, einmaligen, wirklich originalen Leistung immer wieder zu finden. Man kann diese theoretische Selbstbehauptung angesichts der Geschichte der Philosophie und gegenüber den Zeitgenossen geradezu als berufstypisch für Philosophen ansehen.

Bei Schopenhauer stellt der Hauptpunkt seiner Lehre, die »eigentliche Metaphysik derselben«[26], den Versuch dar, eine philosophische Deutung der Welt als Ganzes zu ermöglichen, die das schnell anwachsende naturwissenschaftliche Wissen nicht einfach ignoriert, sondern akzeptiert, ohne jedoch materialistische Schlußfolgerungen daraus abzuleiten. Indem immer wieder betont wird, daß es sich dabei um eine Fortsetzung und Verbesserung der Kantschen Philosophie handele, Kant aber gleichzeitig in schar-

---

25 Arthur Schopenhauer: Über den Willen in der Natur. In: Sämtliche Werke, Bd. III, S. 340/341.

26 Ebenda, S. 321.

fer Konfrontation zu Fichte, Schelling und Hegel steht, wendet sich Schopenhauer – unter Berufung auf Kant – gegen die klassische deutsche Philosophie. Das geschieht mit Hilfe seiner Metaphysik des Willens, eines alogischen Willens als letztes Prinzip: »Schopenhauer bestimmt den Willen als Ding an sich, und von diesem her entwirft er ein System der Welt. Er deutet die Welt im Ganzen als Stufung von Willenskonstellationen. Aber zugleich – das ist ein Novum – sucht er gegen dies Weltsystem, das ja als solches die Sinnlosigkeit in Reinkultur verkörpert, anzugehen. Und insofern Wille und Handlung zusammenhängen, ist Resignation als Nichthandeln das letzte Wort.«[27]

Bisher haben wir also zwei Gesichtspunkte kennengelernt, unter denen Schopenhauer seinen Grundgedanken entwickelte. Es sind die beiden entscheidenden Aspekte, werden hier doch die zwei Welten – Vorstellung und Wille – vorgeführt, aus der seiner Auffassung nach die eine Welt besteht. Die anderen beiden Gesichtspunkte sind eigentlich nachgeordnet. Interessant ist nun aber, daß sie es vor allem waren, die den Philosophen berühmt gemacht haben. Weniger die erkenntnistheoretischen Begründungen und die Willensmetaphysik sorgten nach 1850 für Aufsehen, sondern die beiden Aspekte, die er daraus ableitete. Das ist einmal die »Vorstellung, unabhängig vom Satz des Grundes: ... das Objekt der Kunst« und zum anderen die »Bejahung und Verneinung des Willens zum Leben«, also die ethischen Ansichten. Die ästhetischen und die ethischen Positionen wurden dann auch in der Folgezeit von Schopenhauer immer weiter ausgebaut. Anknüpfend an Platos Ideenlehre, die er bejahte, bestimmte er die »Er-

27 Walter Schulz: Philosophie als absolutes Wissen. In: Ist systematische Philosophie möglich? Hrsg. D. Henrich, Bonn 1977, S. 28.

kenntnis der Ideen« als einzigen Ursprung und die »Mitteilung dieser Erkenntnis« als einziges Ziel der Kunst.[28] Im Zentrum steht seine Auffassung vom Schönen, die in der Feststellung gipfelte, daß der Mensch vor allem anderen schön sei und die »Offenbarung seines Wesens das höchste Ziel der Kunst«[29] darstelle.

Der Mensch und sein Egoismus, die Bestimmung des Lebens, vor allem das Leiden, sowie die Erarbeitung einer Ethik des Mitleids und einer elitären Haltung der Askese bestimmten das Feld seiner ethischen Arbeit. Indem der Wille als das Ursprüngliche behauptet wurde, die Erkenntnis nur hinzukomme als Erscheinung des Willens, mußte auch der Platz des Menschen aus dieser Willensmetaphysik heraus gedeutet werden. Der Mensch ist nach Schopenhauer »sein eigenes Werk vor der Erkenntnis ...« Daher könne er auch nicht beschließen, »ein solcher oder solcher zu sein, noch auch kann er ein anderer werden; sondern er *ist* ein für allemal und erkennt sukzessive, *was* er ist«.[30]

Diese statische Sichtweise charakterisiert das gesamte Denken Schopenhauers. Wie er Werden und Entwicklung im Sinne von erkennbaren Prozessen ablehnte – insbesondere mit dem Hinweis, daß die Zeit eben nicht dem Ding an sich als Bestimmung angehöre –, so wandte er sich auch gegen die Geschichte als Wissenschaft. Seine Metaphysik steht fest – im Willen.

Über die ästhetischen und ethischen Ansichten des Philosophen werden wir noch an anderer Stelle Gelegenheit haben, gründlicher nachzudenken. Hier ging es zuerst einmal um das philosophische Gesamtkonzept, um die Erklä-

28 Arthur Schopenhauer: Die Welt als Wille und Vorstellung I, S. 265.

29 Ebenda, S. 298.

30 Ebenda, S. 403.

rung des einen Satzes, wonach die Welt als Wille und Vorstellung existiere, was das für Konsequenzen mit sich bringt und wie Schopenhauer diesen Satz für sich selbst begreift.

In diesem Zusammenhang ist es von Interesse, genauer zu betrachten, auf welchen Anschauungen Schopenhauer aufbaut, woher er Anregungen empfangen hat, wen er unter den Denkern der Vergangenheit besonders favorisierte, wen er selbst als seine geistigen Quellen benannte. Auf Berkeley wurde schon verwiesen; dessen direkter Einfluß auf den tragenden Gedanken Schopenhauers ist gar nicht hoch genug zu bewerten. Er selbst verkündete bekenntnishaft, daß er das Beste seiner Entwicklung »nächst dem Eindruck der anschaulichen Welt sowohl dem Werk Kants als dem der heiligen Schriften der Hindu und dem Platon«[31] verdanke. Was den Eindruck der anschaulichen Welt betrifft, so werden wir sehen, wie sich hierin Schopenhauer immer bemühte, auf der Höhe der Sachkenntnisse zu sein. An der Spitze der von ihm benannten geistigen Quellen steht unbestritten Kant. In seinem Werk »Die Welt als Wille und Vorstellung« hatte er als Anhang eine »Kritik der Kantischen Philosophie« entworfen. Er verstand sich als direkter und echtester Erbe Kants, warf ihm aber gleichzeitig vor, an wichtigen Stellen inkonsequent gewesen zu sein. Vor allem die Kantsche Beweisführung sei fehlerhaft. »Kant ist mit seinem Denken nicht zu Ende gekommen: ich habe bloß seine Sache durchgeführt.«[32]

Als größte Leistung Kants hob er hervor, daß ihm die Unterscheidung der Erscheinung vom Ding an sich gelungen sei. Gerade die Auffassung vom Ding an sich sowie die Position zur Apriorität des Kausalitätsgesetzes hatten es

31 Ebenda, S. 563.

32 Ebenda, S. 673.

Schopenhauer angetan. Damit unterstrich er gerade jene Ansichten innerhalb der Kantschen Philosophie, die von einer materialistischen Sicht aus kritikwürdig sind. »Wenn Kant zugibt, daß unseren Vorstellungen etwas außer uns, irgendein Ding an sich, entspreche, so ist er hierin Materialist. Wenn er dieses Ding an sich für unerkennbar, transzendent, jenseitig erklärt, tritt er als Idealist auf. ... Indem Kant sich für die Apriorität von Raum, Zeit, Kausalität usw. ausspricht, lenkt er seine Philosophie auf die Seite des Idealismus«, schrieb Lenin.[33]

Schopenhauers Kritik an Kant zielt darauf ab, die Zwiespältigkeit mancher seiner Aussagen zu überwinden und zwar in Richtung auf einen konsequenten subjektiven Idealismus à la Berkeley. In diesem Zusammenhang — und darauf hat bereits Lukács nachdrücklich aufmerksam gemacht —[34] war es mehr als eine philologische Marotte, wenn Schopenhauer stets der ersten Auflage von Kants »Kritik der reinen Vernunft« den Vorzug gab gegenüber der zweiten, umgearbeiteten Auflage, die er als »verunstaltet, verdorben« bezeichnete.[35] Denn gerade hier wehrte sich Kant gegen den Berkeleyschen Idealismus, den er als »Skandal der Philosophie« kennzeichnete.[36]

Kants Ausdeutung im Sinne Berkeleys mit all den damit verbundenen Konsequenzen erlaubte es Schopenhauer dann auch, Kant von Fichte, Schelling und vor allem Hegel scharf abzugrenzen. Die militante Feindschaft gegen die klassische deutsche Philosophie begann bei Schopenhauer

---

33 W. I. Lenin: Materialismus und Empiriokritizismus. In: Werke, Bd. 14, S. 195.

34 Vgl. Georg Lukács: Die Zerstörung der Vernunft, Berlin 1954, S. 178.

35 Arthur Schopenhauer: Gesammelte Briefe, S. 166.

36 Immanuel Kant: Kritik der reinen Vernunft, Leipzig 1971, S. 38.

bereits mit seiner Deutung und Umdeutung von Kant. Die Konsequenz seines idealistischen Herangehens kam auch in der konzeptionellen Aufnahme der Ideenlehre Platos zum Ausdruck. Von hier aus wurde der subjekt-idealistische Ansatz in der Erkenntnistheorie geradlinig zur Ästhetik fortgeführt. Schließlich zählt dazu auch die Aufnahme der damals in Mode kommenden buddhistischen und überhaupt ostasiatischen Gedankenwelt, vor allem in die Ethik. Wenn man dann noch die Übernahme der »Lebensweisheiten« des Spaniers Balthasar Gracian hinzunimmt, die Schopenhauer sogar in einer eigenen Übersetzung herausgeben wollte,[37] dann werden die Quellen deutlich, aus denen er das Konzept für »Die Welt als Wille und Vorstellung« schöpfte. Vergessen werden darf allerdings auch nicht die — wenn auch sporadische und vor allem auf die Fragen der Farbenlehre und des Sehens konzentrierte — Beschäftigung mit naturwissenschaftlichen Phänomenen und Fakten, die in einem seltsamen Kontrast zu überspannten, abergläubischen Auffassungen stand, die sich auch in seinem Denken finden.

Alles in allem zeigt sich der *eine* Gedanke, der diese Philosophie angeblich trägt, doch nicht so einheitlich und geschlossen. Und das Gebäude, das auf ihm errichtet wird, ist weniger ein Werk aus einem Guß als vielmehr ein Produkt, bei dem man die einzelnen Schichten des verwendeten Materials noch erkennen kann.

Die intellektuelle Leistung war unbestritten enorm: In wenigen Jahren hatte Schopenhauer ein philosophisches System entworfen und in eine passable Gestalt gebracht, von dem er meinte, es gebe auf die entscheidenden Fragen

---

37 Balthasar Gracian's Hand-Orakel und Kunst der Weltklugheit, treu und sorgfältig übersetzt von Arthur Schopenhauer (1832 fertiggestellt, 1862 erstmals herausgegeben).

der Philosophie nicht schlechthin eine, sondern *die* Antwort. Sein Gedankengang ist geradlinig und zudem in klarer Sprache ausgedrückt.

So ist es wohl zu verstehen, daß Schopenhauer sein Werk extrem hoch bewertete. Sicher spielten aber auch eine überschwengliche Stimmung und Begeisterung über das soeben beendete Buch eine gewisse Rolle, wenn er dem Verleger Brockhaus schrieb — und dieser Brief gehört zu den meistzitierten Belegen der Schopenhauer-Literatur: »Mein Werk also ist ein neues philosophisches System: aber neu im ganzen Sinn des Worts: nicht neue Darstellung des schon Vorhandenen: sondern eine im höchsten Grad zusammenhängende Gedankenreihe, die bisher noch nie in irgend eines Menschen Kopf gekommen. Das Buch, in welchem ich das schwere Geschäft, sie Andern verständlich mitzutheilen ausgeführt habe, wird, meiner festen Ueberzeugung nach, eines von denen seyn, welche nachher die Quelle und der Anlaß von hundert andern Büchern werden ...«[38]

Als Schopenhauer sein System fertig hatte, war er dreißig Jahre. Für ihn war das die »ganze Frucht« seines bisherigen Daseins, denn: »Der Eindruck nämlich, welcher auf einen individuellen Geist die Welt macht, und der Gedanke, durch welchen der Geist, nach erhaltener Bildung, auf jenen Eindruck reagiert, ist allemal nach zurückgelegtem dreißigsten Jahre da, vorhanden und geschehn: alles Spätere sind nur Entwickelungen und Variationen desselben.«[39]

In dieser Stimmung legte Schopenhauer eine Pause ein und reiste nach Italien. Er hatte seine Arbeit getan, nun war die Welt aufgefordert zu reagieren. Diese Philosophie,

38 Arthur Schopenhauer: Gesammelte Briefe, S. 29.
39 Ebenda, S. 30.

die er der Öffentlichkeit wie einen Fehdehandschuh hinwarf, stand in vielen wichtigen Fragen gegen das zeitgenössische Philosophieren, vor allem durch Hegel und seine Anhänger. Schopenhauers Willensmetaphysik entstand in einer Zeit, die geistig von der klassischen deutschen Philosophie geprägt wurde; sie war ein Ausdruck dieser Zeit und gleichzeitig die Ablehnung des Zeitgeistes. Diese Widersprüchlichkeit bereits in der Entstehungsphase der Schopenhauerschen Philosophie wird uns weiter beschäftigen, ist sie doch für das Verständnis von Schopenhauer *in seiner Zeit* und für *seine spätere Wirkung* von größter Bedeutung.

Der Wille zum Leben

In der Geschichte der Philosophie war Arthur Schopenhauer einer der ersten Repräsentanten des »Privatgelehrten«. Ein Denker, der ohne eine Stellung, die ihn zum Philosophieren verpflichtet, und ohne ausreichendes Einkommen aus seiner philosophischen Arbeit für die Philosophie lebt — eine solche Existenz wurde erst unter bürgerlichen Verhältnissen möglich. Voraussetzung dafür war Vermögen oder Einkommen aus einer Tätigkeit, die es zuließ, sich daneben der Philosophie zu widmen.

Dieses Privatgelehrtendasein zeitigte aber noch etwas anderes: den scheinbar unabhängigen, aus sich heraus produzierenden Denker, der sich bewußt von den Ideen seiner Zeitgenossen distanziert und vom Geist der Zeit abzuheben versucht. Der theoretische Rückzug auf das Individuum und seine ganz individuelle Ansicht über die Welt und das Leben war das erklärte Ziel. Nicht den Ideen der Epoche adäquaten theoretischen Ausdruck zu verleihen, sondern das Einmalige in den ganz persönlichen, »privaten« Anschauungen galt es zu entdecken. So forderte Schopenhauer vom Philosophen, daß er keine Zwecke verfolge, daß sein Geist müßig sein müsse, damit er sich der Belehrung hingeben könne, »welche die anschauliche Welt und das eigene Bewußtsein ihm erteilt«.[1] Allerdings erwachsen aus dem Anspruch, ganz aus sich selbst zu philosophieren, keineswegs Auffassungen der Toleranz oder des schöpferischen Disputs zwischen verschiedenen Philosophien und Philosophen. Ganz im Gegenteil wird verkündet, daß wie in einem Bienenstock nur eine Königin herrschen könne, auch nur eine Philosophie auf der Tagesordnung stehe; philosophische Systeme seien in ihrer gegenseitigen Zerstörungswut Skorpionen vergleichbar.[2]

Aus solchen Ansichten leitete Schopenhauer seine Ansprüche an die philosophische Arbeit ab. So unbarmherzig — und auch unqualifiziert — er die zeitgenössische Philosophie und ihre Vertreter attackierte, so kritisch er den meisten Philosophen in der gesamten Philosophiegeschichte gegenüberstand, so hoch war seine Meinung vom Inhalt und Anspruch einer Philosophie, wie er sie verstand. Daß er auf diese Frage immer wieder zurückkam, war nicht verwunderlich, bestimmte er damit doch Sinn, Inhalt und Art und Weise seines ganzen bewußten Lebens. »Mein beß'res und eigentliches Leben ist mein philosophisches Studium, dem ist alles übrige tief untergeordnet, ja es ist nur eine leichte Zugabe dazu,«[3] notierte er bereits 1814 in einem Brief. Und diese seine Ansicht war keine Deklaration. Er hat in diesem Sinne sein Leben gestaltet und geführt. Ein Philosoph müsse den Mut zur Wahrheit haben, dürfe keine Frage scheuen, selbst wenn er ahne, daß sich aus den Antworten Entsetzliches für ihn ergebe, schrieb er in einem bekenntnishaften Brief an Goethe.[4] Das Eindringen in das Wesen der Dinge erschien ihm als eine gewaltige denkerische Leistung, die nur wenigen gelingen könne.

1 Arthur Schopenhauer: Parerga und Paralipomena II. In: Sämtliche Werke, Bd. IV, S. 11.

2 Ebenda.

3 Arthur Schopenhauer: Gesammelte Briefe, S. 10.

4 Ebenda, S. 18.

An der Wahrhaftigkeit und Ernsthaftigkeit der Ansichten Schopenhauers über die Philosophie kann nicht gezweifelt werden. Mag er manche Aussage über die Existenz des Philosophen auch besonders kultiviert und verabsolutiert haben, in den hohen Forderungen an die Philosophie spiegelte sich deutlich die tatsächliche Rolle der Philosophie in der Epoche der Aufklärung, in der geistigen Situation des Vormärz und in der ideologischen Entwicklung der sich herausbildenden bürgerlichen Intelligenz wider.

Sein Ringen um einen hohen theoretischen Anspruch an die Philosophie bedeutete nun aber keineswegs ein Suchen nach wissenschaftlichen Kriterien des Philosophierens. Zwar betonte Schopenhauer immer wieder, daß seine Philosophie aus der Erfahrung stamme, aber zugleich stritt er ab, daß vertiefte Erfahrungen, neue Einsichten seine Positionen ändern könnten. »Nie und nimmermehr kann meine Philosophie, und wenn das Oxygen zersetzt und das Einhorn entdeckt würde, irgend eine Modifikation dadurch erleiden. Sie geht von der Erfahrung aus, aber im weitesten Sinn; schwebt hoch über dem Detail und Mikrologie.«[5]

Er sah in der Philosophie eine rein theoretische und betrachtende Tätigkeit. Praktische Ansprüche an die Philosophie, wie sie gerade um die Mitte des 19. Jahrhunderts so heftig gefordert und umstritten wurden, lehnte er ab. Philosophie könne nicht mehr und nicht weniger tun, als das Vorhandene deuten und erklären. Recht apodiktisch legte sich Schopenhauer bereits sehr früh fest, als er schrieb: »Die echte philosophische Betrachtungsweise der Welt, d. h. diejenige, welche uns ihr inneres Wesen erkennen lehrt und so über die Erscheinung hinausführt, ist gerade die, welche nicht nach dem Woher und Wohin und

5 Ebenda, S. 378.

Warum, sondern immer und überall nur nach dem *Was* der Welt frägt«. Damit grenzte er sich vor allem von der Suche nach den Ursachen und Entwicklungen der Welt ab und beschränkte sein Interesse auf das, was übrigbleibt: das »immer sich gleiche Wesen der Welt, die Ideen derselben«.[6]

Ziel und die Aufgaben, die ein Philosoph dem Philosophieren stellt, sind natürlich auch die seiner eigenen Philosophie. So ist es nicht verwunderlich, daß Denker wie Kant oder Hegel, Feuerbach oder Marx im Vorfeld ihrer theoretischen Anstrengungen – oder eng damit verbunden – stets ihre Vorstellungen von der Philosophie ihrer Zeit ausarbeiteten und begründeten. Dabei kam es zu heftigen polemischen Auseinandersetzungen, und das weist schon darauf hin, daß in dieser Frage mehr als die privaten Ansichten einzelner Philosophen über ihr Metier auf dem Spiel standen. Die Bestimmung des Umfangs der Probleme, das historische Herangehen und die Beachtung des Entwicklungsgedankens, Wahrheitsanspruch und Erkenntnisoptimismus – all das und eine Reihe anderer Positionen bringen das Drängen der vorwärtsstrebenden gesellschaftlichen Kräfte der Epoche zum Ausdruck, ihre Zeit zu begreifen und zur Gegenwarts- wie Zukunftsorientierung der agierenden Kräfte beizutragen. Wer sich dem entgegenstellte, vertrat die Kräfte der Vergangenheit, ein Denken, das es zu überwinden galt; oder er spielte keine Rolle und mußte sich mit dem Platz eines Einzelgängers abfinden.

Schopenhauer geriet bekanntlich in ebendiese Situation, indem er die Aufgaben der Philosophie aus Überlegungen ableitete, die seinen Zeitgenossen als überwunden galten, und indem er sein Denken auf Probleme lenkte, die seiner-

---

6 Arthur Schopenhauer: Die Welt als Wille und Vorstellung I. In: Sämtliche Werke, Bd. I, S. 379.

zeit in dieser Weise niemand bewegten. Das wird vor allem in seiner zentralen Kategorie, ihrer Erschließung, ihrem Gebrauch und den mit ihr verbundenen theoretischen Konsequenzen sichtbar.

Wenn Philosophie nur nach dem Was der Welt fragt und es für den Philosophen darauf ankommt, das Wesen der Welt zu deuten und zu erklären, dann ist es verständlich, daß man nach einem universellen Schlüssel für ein solches Vorgehen sucht, mit dem man das Wesen der Welt öffnen und es erklärend und deutend ausbreiten kann. Ebendiesen Schlüssel meinte Schopenhauer in der *Kategorie des Willens* gefunden zu haben. »Er ist das Innerste, der Kern jedes Einzelnen und ebenso des Ganzen: er erscheint in jeder blindwirkenden Naturkraft: er auch erscheint im überlegten Handeln des Menschen; welcher beiden große Verschiedenheit doch nur den Grad des Erscheinens, nicht das Wesen des Erscheinenden trifft.«[7] Auf die zentrale Bedeutung der Kategorie des Willens in der Philosophie Schopenhauers wurde schon eingegangen. Diese Sicht hat natürlich eine Reihe von Konsequenzen, über die sich Schopenhauer klar war bzw. sich ständig klarer zu werden bemühte. Vor allem entsteht hieraus die Verbindung von Wille und Leben. Da der Wille das innere Wesen der Welt darstelle, die sichtbare Welt also nur der Spiegel des Willens sei, wird der Wille stets wie sein Schatten von der Welt, vom Leben, von der Erscheinung begleitet: »Wenn Wille da ist, wird auch Leben, Welt da sein.«[8] Dabei wird Wille zum Leben keineswegs als bewußte Haltung, als Handlungsorientierung zur Gestaltung des individuellen oder gar des gesellschaftlichen Lebens verstanden. Der Wille zum Leben bleibt für Schopenhauer »ein blinder

7 Ebenda, S. 170.
8 Ebenda, S. 380.

Drang, ein völlig grundloser, unmotivierter Trieb«[9], der in dieser Gesalt zum letztlich Bestimmenden der Welt, der Natur, des Menschen erklärt wird. Schopenhauer erörtert den bisherigen Umgang mit dem Willensbegriff in der Geschichte des Denkens, setzt sich kritisch damit auseinander und erläutert, warum er die Erweiterung von Willen – als Ding an sich – zum Willen zum Leben benötigt. Er nennt den in allen Dingen wirkenden »Willen zum Leben, weil dies das letzte Erkennbare an ihm ausspricht«.[10] In diesem Sinne sei der Wille zum Leben stets etwas Metaphysisches und nicht Physisches.

Die sich wie ein roter Faden durch das Werk Schopenhauers ziehende Formel vom Willen zum Leben steht also für den Versuch, den unfaßbaren, unerkennbaren Willen in seiner Wirkung, in seiner Existenz sichtbarer zu machen. Eigentlich sei es nicht notwendig, einen zusätzlichen Begriff zu formulieren. In seinen Berliner Vorlesungen sprach Schopenhauer davon, daß es einerlei und nur ein Pleonasmus sei, wenn man statt einfach Wille zu sagen, Wille zum Leben sagt.[11] Aber als erfahrener Philosoph, der sich in der Geschichte des Denkens auskannte und zugleich über ein entwickeltes Sprachgefühl verfügte, erschien ihm offensichtlich die Kategorie Wille zu schwach als die Formel zum Erschließen der Welt. Der »Wille zum Leben« dagegen verknüpfte die Willenskategorie mit Überlegungen zum Handeln, mit Orientierung und Richtung, die Schopenhauer zwar in ihrer Konkretheit gar nicht

---

9 Arthur Schopenhauer: Die Welt als Wille und Vorstellung II. In: Sämtliche Werke, Bd. II, S. 462.

10 Arthur Schopenhauer: Parerga und Paralipomena I. In: Sämtliche Werke, Bd. IV, S. 165.

11 Vgl. Arthur Schopenhauer: Philosophische Vorlesungen. 2. Hälfte. In: Arthur Schopenhauers sämtliche Werke, Zehnter Band, München 1913, S. 371.

wollte, von denen er sich aber Wirkung versprach. So ist es auch zu erklären, daß in dieser Formel nicht zwei für Schopenhauer wichtige Kategorien miteinander verknüpft werden, sondern daß der zentralen Kategorie Wille ein mehr erklärender Begriff beigefügt wird, der im Alltagsverständnis leicht erfaßt wird, auch vieldeutig ist und den Schopenhauer weitaus schwächer und ungenauer bestimmte als andere, für ihn wichtige Kategorien. Leben wird knapp als »organisches Dasein«[12] charakterisiert. Wie sich das Leben gestalte, was das Leben des Individuums eigentlich ausmache, also jene Schlußfolgerungen, die letztlich zur Leidensauffassung von Schopenhauer führten, haben hier keinen Platz. Wille zum Leben ist weniger die Losung einer neuartigen lebensphilosophischen Orientierung, als Formel, um den Willen sichtbar zu machen. Und doch drängt sich die Frage auf, wie hier Begriffe aus der Anthropologie und Psychologie miteinander zu einer derart zentralen philosophischen Schlüsselkategorie verknüpft werden konnten. Es hat auf den ersten Blick den Anschein, als würden sich damit die naturwissenschaftlichen Interessen und Kenntnisse Schopenhauers in spezifischer Weise niederschlagen, indem er neuere Einsichten und Erkenntnisse gerade aus dem Bereich der biologischen Wissenschaften, die enormen Auftrieb erfuhren, für die Grundlegung seiner Philosophie nutzt. Doch der Schein trügt. Die Formel vom Willen zum Leben ist für Schopenhauer rein metaphysischer Natur und keineswegs gewonnen aus naturwissenschaftlichen Auffassungen und Fakten. Diese verwendete er vielmehr für eine quasi nachträgliche Bestätigung und Erörterung seiner Grundthese.

Aber die weitere Entwicklung der bürgerlichen Philoso-

---

12 Arthur Schopenhauer: Die Welt als Wille und Vorstellung II. In: Sämtliche Werke, Bd. II, S. 453.

phie hat das feine Gespür Arthur Schopenhauers bestätigt, daß der »Wille zum Leben« zu einer wirkungsmächtigen Losung werden würde, zumindest in ganz anderen Dimensionen als die einfache Erklärung des Willens zum Ding an sich. Und es ist natürlich verständlich und in einem gewissen Sinne wohl auch unvermeidlich, daß in der Philosophie nach Schopenhauer der »Wille zum Leben« für mehr genommen wurde, als er noch bei Schopenhauer selbst darstellte, er wurde zum Kennwort der gesamten Philosophie dieses Denkers, Schlagwort zur Bestimmung seiner Grundposition. Schopenhauers Willensmetaphysik einerseits und seine vorwiegend ethischen Ansichten vom menschlichen Leben andererseits lieferten genügend Stoff und Begründung dafür. Zu dem ist »Wille zum Leben« auch offen für biologistische Ausdeutungen. Es wäre also müßig, darüber zu streiten, ob Schopenhauer hier richtig interpretiert wird oder ob ihm etwas unterstellt wird. Selbst wenn er die Formel nicht in diesem Begriffsumfang gemeint hat, bietet sie ausreichende Möglichkeiten, eine solche Ausdehnung nicht nur zu erlauben, sondern zu provozieren.

Wir sollten hier Schopenhauers eigenen Intentionen folgen. Er hielt nicht viel von philosophischen Analysen eines Denkers, die in dessen Biographie nach Begründungen seines Denkens suchten. Schon gar nicht wollte er, daß die Widersprüche im Denken eines Philosophen – und schon gar nicht bei ihm – genauer untersucht würden. »Widersprüche aufzuzeigen ist die gemeinste und verrufenste Art einen Autor zu widerlegen«, klagte er in einem Brief von 1857[13] und verlangte statt dessen für eine erfolgreiche Polemik: »Wer ein philosophisches System umstoßen will, muß es ganz fassen, tief darauf eingehn und dann die Grundgedanken als falsch nachweisen.«[14]

13 Arthur Schopenhauer: Gesammelte Briefe, S. 415.

14 Ebenda, S. 417.

Sieht man einmal davon ab, daß Schopenhauer sich selbst an diese Maxime kaum gehalten hat – man denke an seinen Umgang mit Hegel –, so ist dieser Leitsatz der philosophischen Polemik vor allem als Barriere gegen Angriffe auf sein eigenes System zu verstehen. Er hielt es für das »Konsequenteste und Einheitlichste«[15], das man entweder »ganz oder gar nicht« akzeptiere: »Denn mein System hat mehr als irgend einen organischen Zusammenhang: man muß aber stets jeden Satz in promptu haben, um damit jedem andern zu Hülfe zu kommen, wenn er, alleinstehend, angegriffen wird.«[16]

Wir werden sehen, wie er diese Forderung zu einem Schutzschild gegen kritische Einwände selbst seiner Anhänger und Freunde entwickelt hat. Und die Polemik gegen Gedanken Schopenhauers richtet sich vor allem auf seinen zentralen Gesichtspunkt – den Willen bzw. den Willen zum Leben. Doch für diesen gibt es keine rationale Begründung. Der Wille als Urgrund, als Ding an sich muß ganz einfach akzeptiert werden oder nicht, hier versagt uns Schopenhauer jede Argumentation. Er hat sein Denkgebäude dadurch unerschütterlich zu machen versucht, daß er das Aufweisen einzelner Widersprüche als Infamie, als bloße Unterstellung zurückwies, da sie das System als ganzes nicht treffen. Das System als in sich geschlossenen Bau aber könne man nur begreifen, wenn man den zentralen Schlüssel benutzt. An ihm nun darf nicht gefeilt, verändert oder verbessert werden, seine Herkunft bleibt im dunkeln: Man muß ihn so nehmen, wie er – durch Schopenhauers Einsicht – ist. So soll faktisch jeder Ansatzpunkt für Kritik im Vorfeld abgewehrt werden.

Ein philosophisches Werk, das über mehr als hundert

15 Ebenda, S. 397.

16 Ebenda, S. 294.

Jahre Wirkungen im geistigen Leben zeigt, muß bei einer ernsthaften Kritik ganz sicher als ganzes angeschaut, gründlich erfaßt und analysiert werden, um die Grundgedanken in ihrer tatsächlichen Aussage zu bestimmen, sie zu kritisieren oder zu widerlegen. Daher wird uns die Frage nach der Berechtigung der zentralen Kategorie, »des Willens« und auch »des Willens zum Leben« immer wieder beschäftigen: Inhalt und Umfang dieser Kategorie wie auch ihre Konsequenzen für das Schopenhauersche Gesamtkonzept und dessen Stabilität.

Eine einschneidende Folgerung aus der Ansicht vom Willen zum Leben wird sofort sichtbar. Es ist die totale Absage an die Geschichte als erfahrbaren, wissenschaftlich reflektierbaren und für die philosophische Verallgemeinerung unbedingt erforderlichen Prozeß. Wer davon ausgeht, daß »alle die Handlungen eines Menschen bestimmenden Begebenheiten, nebst der sie herbeiführenden Kausalverknüpfung« nur Objektivationen des Willens[17] darstellen, und wer gleichzeitig annimmt, daß »das Ganze der objektiven realen Welt doch nur in den Vorstellungen aller Individuen besteht«[18], der muß natürlich die Geschichte als einen sich aufgrund bestimmter Ursachen und nach Gesetzmäßigkeiten sich vollziehenden Prozeß energisch verneinen. Weltgeschichte gar als einen planmäßigen Prozeß zu fassen, wird als platter Realismus angesehen, der die bloße Erscheinung für das Wesen nimmt. Das richtete sich natürlich gegen das Geschichtsverständnis der klassischen deutschen Philosophie, vor allem bei Hegel. All denen, die nach Konstruktionen im Weltverlauf oder nach Geschichte

---

17 Arthur Schopenhauer: Parerga und Paralipomena I. In: Sämtliche Werke, Bd. IV, S. 261.

18 Arthur Schopenhauer: Philosophische Vorlesungen. 1. Hälfte. In: Arthur Schopenhauers sämtliche Werke, Neunter Band, München 1913, S. 486.

suchten, hielt Schopenhauer entgegen, daß sie die Hauptwahrheit aller echten Philosophie nicht begriffen hätten, »daß nämlich zu aller Zeit dasselbe ist, alles Werden und Entstehn nur scheinbar, die Ideen allein bleibend«.[19] Wenn man schon Philosophie der Geschichte betreibe, so müsse sie zu der Einsicht gelangen, »daß man bei allen diesen endlosen Veränderungen und ihrem Wirrwarr doch stets nur dasselbe, gleiche und unwandelbare Wesen vor sich hat, welches heute dasselbe treibt wie gestern und immerdar«.[20] Worauf es letztlich ankäme, sei das Aufspüren des in allen zeitlichen Vorgängen Identische; dieses Identische aber bestehe letztlich in den vielen schlechten und wenigen guten Grundeigenschaften des menschlichen Individuums.

Damit wird die Konsequenz sichtbar, die der Formel vom »Willen zum Leben« innewohnt: Von der Anerkennung eines Urtriebs des organischen Daseins gelangt er mit zwingender Logik zur Leugnung der Geschichte als eines sich nach eigenen Gesetzen vollziehenden Prozesses und endet beim einzelnen Menschen, bei den Nöten und Leiden des Individuums als der einzig wahren Erkenntnisquelle. Geschichtsabstinenz sowie die damit verbundene Ablehnung der Geschichts*wissenschaft* war zur Zeit Schopenhauers eigentlich bereits überwunden. In einem längeren, widersprüchlichen und wechselvollen Erkenntnisprozeß hatte sich die Einsicht durchgesetzt, daß die historische Betrachtungsweise immanenter Bestandteil jeder wissenschaftlichen Sicht, jeder auf Entwicklung bedachten Konzeption bilden müsse. Über die neuartigen Positionen eines Vico, das Geschichtsdenken der französischen Aufklärer und Materialisten und der klassischen deutschen Philoso-

19 Arthur Schopenhauer: Die Welt als Wille und Vorstellung II. In: Sämtliche Werke, Bd. II, S. 568.
20 Ebenda, S. 570.

phie – mit solchen Höhepunkten wie Herder und Hegel – festigten sich Einsichten in die Geschichte als umfassenden realen Prozeß und Ansichten über den Umgang mit dieser Geschichte, die zu den großen progressiven Ergebnissen des 18. und 19. Jahrhunderts zählen. Es war dies der Prozeß, in welchem das Werden der Geschichte zur Weltgeschichte entdeckt und theoretisch aufgearbeitet wurde. Von nun an konnte keine ernsthafte Philosophie, keine wirkungsmächtige Gesellschaftstheorie mehr am Problem der Geschichte und ihrer Bewertung vorbeigehen. Eine einfache Rückkehr zu jenen Auffassungen, die Geschichte als bloße Aneinanderreihung von Geschehnissen, als Begebenheiten und Biographien, als sich ständig wiederholende vielfältige Erscheinungen eines ewig gleichbleibenden Wesens begriffen, war nun nicht mehr möglich. In der Folgezeit gab es im Grunde zwei, und zwar entgegengesetzte Wege, mit der Geschichte umzugehen: Zum einen die immer stärkere Einbeziehung historischer Prozesse und des historischen Denkens in das weltanschauliche Gesamtsystem. Den geschichtlichen Prozeß in den Materialismus fest einzuschließen ist eine der großen Leistungen von Marx und Engels. »... die Geschichte ist unser Eins und Alles«, schrieb Friedrich Engels, »und wird von uns höher gehalten als von irgend einer früheren, philosophischen Richtung, höher selbst als von Hegel.«[21] Der andere Weg wurde von Schopenhauer und in seinem Gefolge dann von vielen anderen Philosophen eingeschlagen. Er lehnte die Geschichte als einen eigenen Entwicklungsprozeß mit spezifischen Bedingungen, Ursachen, Gesetzmäßigkeiten, Richtungen und Ergebnissen ab und unterstellte der Geschichte allgemeinste anthropologische Ursachen und An-

---

21 Friedrich Engels: Die Lage Englands. In: MEGA, I, Bd. 3, S. 532.

triebe. In diesem Sinne war für Schopenhauer »Geschichte nicht nur in der Ausführung, sondern schon in ihrem Wesen lügenhaft«, und er begründete das damit, daß sie, »von lauter Individuen und einzelnen Vorgängen redend, vorgibt, allemal etwas anderes zu erzählen; während sie vom Anfang bis zum Ende stets nur dasselbe wiederholt unter andern Namen und in anderm Gewande«.[22]

Es ist nicht verwunderlich, daß bei einer solchen Anschauung von Geschichte der Geschichtswissenschaft nichts zugetraut wurde und die zeitgenössische Geschichtsphilosophie nur Spott erntete. Und noch eines ergab sich aus dieser Ansicht: das Desinteresse bzw. nur flache Oberflächenwissen von den historischen Prozessen bis in die Zeitgeschichte hinein, wie es für Schopenhauer typisch war und sein ganzes persönliches Verhältnis zur Historie prägte.

---

22 Arthur Schopenhauer: Die Welt als Wille und Vorstellung II. In: Sämtliche Werke, Bd. II, S. 570.

Die Welt – ein Jammertal

Nachdem Schopenhauer sein Werk »Die Welt als Wille und Vorstellung« fertiggestellt und in zwei Sendungen zwischen dem 11. Juli und den ersten Septembertagen 1818 an den Verleger Brockhaus übergeben hatte, wartete er mit wachsender Unruhe auf die gedruckten Exemplare: »Denn es liegt mir zuviel daran, die Gewißheit des endlichen Erscheinens dieser Schrift, an deren Abfassung ich hier über vier meiner besten Lebensjahre gewandt habe, vor meiner Abreise nach Italien zu haben.«[1] Zwei Gründe bedrängten ihn. Vor allem war es natürlich ein neugieriger Stolz auf das fertige Buch, in dem er sein eigentliches Lebensziel sah. Dazu kam die Lust auf die lange beschlossene Erholungspause. Italien war auf den Reisen mit den Eltern ausgespart geblieben; das sollte nun nachgeholt werden. Denn eine Italienreise war noch immer das Ziel eines dem humanistischen Erbe verpflichteten deutschen Denkers.

Schließlich siegte die Reiselust über den Autorenehrgeiz. Da das Buch nicht zu den ursprünglich festgelegten Terminen, zur Michaelismesse Ende September bzw. zum später vereinbarten Oktober fertig wurde, reiste Schopen-

1 Arthur Schopenhauer: Gesammelte Briefe, S. 38.

hauer Ende September aus Dresden ab. Die Freiexemplare des Ende Dezember 1818 erschienenen Buches erreichten ihn in Rom. Über die Zeit in Italien geben die Eintragungen in das »Reisebuch« wohl keine ausreichende Auskunft.[2] Mehr über das Leben und Treiben von Schopenhauer erfährt man aus Briefen seiner Schwester Adele, mit denen sie auf – nicht mehr existente – Reiseberichte ihres Bruders reagierte.[3] Als gesichert kann angesehen werden, daß Schopenhauer bei den deutschen Italienreisenden, vor allem während seines dreimonatigen Aufenthaltes in Rom, keineswegs beliebt war, daß man ihm die Schuld am Zerwürfnis mit seiner Mutter gab und daß er selbst auch noch durch Provokationen zu einer Zuspitzung der Beziehungen beitrug. Übrigens erwies er sich in diesen Monaten keineswegs als jener »Weiberfeind«, zu dem er später auf Grund seiner sarkastischen Bemerkungen zum »schönen Geschlecht« hochstilisiert wurde. Er selbst berichtete später von intensiven Liebesbeziehungen. Das galt schon für seinen Aufenthalt in Dresden, wo ihm sogar eine Tochter geboren wurde, die allerdings bald nach der Geburt starb.

Die erholsame Zeit in Italien endete für Schopenhauer mit einer Hiobsbotschaft: Von seiner Schwester Adele wurde er alarmiert, daß das Danziger Handelshaus Muhl, bei dem Mutter und Schwester ihr Geld angelegt hatten, ruiniert sei. Auch Schopenhauer wurde so zum Gläubiger. Er hatte 9033 Reichstaler bei Muhl angelegt. Wenn man bedenkt, daß sich das Gesamtvermögen Schopenhauers damals auf etwa 22250 Taler belief und jährlich 1530 Taler

---

2 Vgl. Arthur Schopenhauer: Der handschriftliche Nachlaß in fünf Bänden. Hrsg. A. Hübscher, Band 3, München 1985.

3 Die Briefe Adele Schopenhauers vom 5. 2. 1819 und vom 12./22. 5. 1819 wurden, ebenso wie der vom 28. 5. 1819 über den Zusammenbruch des Handelshauses Muhl, im Schopenhauer-Jahrbuch 58 (1977) abgedruckt.

Zinsen abwarf, ist klar, daß es sich auch für ihn um einen erheblichen Verlust handelte. Mutter und Schwester standen jedoch faktisch vor dem Nichts. In dieser Situation ließen sie sich – gegen den schriftlich gegebenen Rat von Arthur – zu einem für sie äußerst ungünstigen Vergleich überreden und wandten sich gegen die von Arthur betriebene Taktik. Er nämlich wies alle Vergleiche Muhls – die immerhin zwischen 30 bis 70 Prozent des eingezahlten Betrages ausmachten – zurück und präsentierte die Wechsel zu einem Zeitpunkt, da er ohne Verlust die Gesamtsumme zurückerhielt. Dieses zähe Ringen, das sich bis Ende 1821 hinzog, führte also zu einem großen Erfolg. Mit Nachdruck hatte Schopenhauer in der umfänglichen Korrespondenz mit Muhl darauf hingewiesen, »daß man wohl ein Philosoph seyn kann, ohne deshalb ein Narr zu seyn«[4].

Natürlich war dieses für Schopenhauer so positive Ergebnis nicht vorauszusehen. Unmittelbar nach dem Zusammenbruch des Handelshauses Muhl mußte er mit einer deutlichen Verunsicherung seiner sozialen Situation rechnen. Deshalb bemühte er sich sofort nach seiner Rückkehr aus Italien um eine akademische Laufbahn. Nach verschiedenen Anläufen gelang es ihm, als Privatdozent an der Universität Berlin unterzukommen. Vom März 1820 an lebte Schopenhauer vorwiegend in Berlin und unternahm – zumindest in den ersten Jahren – den ernsthaften Versuch, als philosophischer Lehrer auf die studentische Jugend einzuwirken. Allerdings blieben die Erfolge aus. Das war sicher nicht nur dem Einfall geschuldet, die eigene Vorlesung genau auf die Stunde zu legen, da Hegel las. Hegel war gerade ein Jahr vorher, 1818, nach Berlin berufen worden. Die von ihm repräsentierte Denkrichtung nahm stetig an Einfluß zu. Dagegen boten die von Schopenhauer ver-

4 Arthur Schopenhauer: Gesammelte Briefe, S. 69.

kündeten Positionen ein Weltbild an, das den Zeiterfordernissen und den intellektuellen Ansprüchen der studentischen Kreise kaum entsprach.

Auch im privaten Leben mußte Schopenhauer Niederlagen einstecken. Besonders tief traf ihn seine Verurteilung in einem Rechtsstreit mit der Näherin Caroline Louise Marquet. Er hatte sie, die sich in einer Art Diele aufhielt, die laut Mietskontrakt Schopenhauer zustand, nach mehrfacher Warnung im August 1821 handgreiflich hinausgeworfen. Die Näherin verklagte Schopenhauer und erhielt in einem zähen Prozeß endlich Genugtuung: 1826 wurde in der Revisionsinstanz Schopenhauer dazu verurteilt, eine Reihe von Kosten, vor allem aber eine Art Schmerzensgeld, zu zahlen. Bis zum Tode der Marquet im Jahre 1841 mußte Schopenhauer also für eine Sache bezahlen, von der er fest überzeugt war, unschuldig bzw. im Recht zu sein. Auch sonst gehörten die zwanziger Jahre nicht gerade zu den erfolgreichen Etappen Schopenhauers. Seine zweite Italienreise 1822/23 endete mit einer schweren Erkrankung, die ihn fast ein Jahr in München festhielt und zu einer sich dann später verstärkenden Schwerhörigkeit führte. Berlin als Stadt war ihm verleidet. »Berlin liebe ich gar nicht«, schrieb er 1822 an seine Schwester Adele und sprach davon, den Rest seiner Tage etwa in Dresden zu verleben. Höchstens im Winter werde er zurückkehren, »aber wahrscheinlich erst dann, wenn man wird erkannt haben, wer ich bin: wo nicht; nicht«.[5]

Überblickt man diese Dekade in Schopenhauers Leben, so zählt sie ganz offensichtlich noch zu den unruhigen Zeiten, da er seine spezifische Lebensweise noch nicht gefunden hatte. Auch in der Sicht seiner Zeitgenossen aus diesen Jahren wird das deutlich. So urteilte Goethe nach einem

5 Ebenda, S. 79.

Besuch Schopenhauers bei ihm im Jahre 1819: »Ein Besuch Dr. Schopenhauers, eines meist verkannten, aber auch schwer zu kennenden, verdienstvollen jungen Mannes, regte mich auf und gedieh zur wechselseitigen Belehrung.«[6] Und knapp zehn Jahre danach heißt es in einem Bescheid des bayrischen Gesandten in Berlin hinsichtlich eines möglichen Rufes an die Würzburger Universität: »Der hier privatisierende Gelehrte Dr. Schopenhauer ... hat keinen Ruf irgendeiner Art, weder als Schriftsteller, noch als Lehrer ...«[7], eine fast tödliche Charakteristik, hätte sie Schopenhauer gekannt.

Das Leben hat ihn also nicht verwöhnt in dieser Zeit: Seine große Hoffnung, mit seinem Buch die Welt aufhorchen zu lassen und in das philosophische Denken einzugreifen, hatte sich nicht erfüllt; seine bürgerliche Existenz war durch drohende finanzielle Verluste gefährdet; es kam zu Niederlagen im persönlichen Leben bis hin zur Enterbung durch die Mutter, was zwar mehr ein moralischer Akt war, aber angesichts der Bekanntheit von Johanna Schopenhauer doch auf die Umwelt wirken mußte. Diese Ereignisse schienen wie Illustrationen zum theoretischen Verständnis des Lebens zu passen, das Schopenhauer in seinem Werk ausgebreitet hatte und verkündete. Im Grunde durfte es ihn gar nicht überraschen, was ihm alles widerfuhr. Denn nach seinem Verständnis lag die Welt sehr im argen. Das Leben sei »nicht eigentlich da, um genossen, sondern um überstanden, abgetan zu werden«.[8]

Natürlich hat Schopenhauer keineswegs aus seinem subjektiven Befinden seine Theorie entworfen. Sein Konzept

---

6 Johann Wolfgang v. Goethe: Annalen (August 1819).

7 Zit. nach O. F. Damm: Arthur Schopenhauer, Leipzig 1912, S. 180.

8 Arthur Schopenhauer: Sämtliche Werke, Bd. IV, S. 484.

vom Leben in dieser Welt entstand bereits frühzeitig unter dem Eindruck pessimistischer und zur Askese neigender Ansichten. Aber deren Ausbau ging nicht ohne den Einfluß der eigenen Erfahrungen, der Verallgemeinerung historischer Abläufe vor sich, die Schopenhauer miterlebt und unter einer ganz bestimmten Sicht reflektiert hatte. In seinen Berliner Vorlesungen bemühte sich Schopenhauer, seine Position vom menschlichen Leben möglichst bildhaft darzustellen: »Das Leben selbst gleicht einem Meer voll Klippen und Strudel, und der Mensch dem Schiffer, der solche mit der größten Behutsamkeit und Sorgfalt vermeidet und sich durchwindet, jedoch zugleich weiß, daß wenn es ihm auch gelingt mit aller Anstrengung und Kunst, sich durchzuwinden, er eben dadurch mit jedem Schritt, dem größten, dem totalen, dem unvermeidlichen und unheilbaren Schiffbruch näher kommt, ja gerade auf ihn zusteuert, dem Tode: dieser ist das endliche Ziel der mühseligen Fahrt und für ihn schlimmer als alle Klippen, denen er auswich.«[9]

Schopenhauer stellt das Leben selbst in Frage, interpretiert es als eine Abfolge von Enttäuschungen, Niederlagen, Schmerzen und Leiden, denen der Mensch ausgeliefert sei. Mit starken, einprägsamen Worten und Bildern charakterisiert er das Leben des einzelnen als ein sich immer wiederholendes Trauerspiel und kommt zu der übergreifenden Bestimmung »Leben ist Leiden«.[10] Diesen zutiefst pessimistischen Lebensbegriff entwickelte Schopenhauer aus seiner Anthropologie heraus, ja er schließt direkt an seine zentrale Kategorie, den Willen, an. Das immerwährende, richtungslose Streben des Dinges an sich wird als Wille

9 Arthur Schopenhauer: Sämtliche Werke, Zehnter Band, 2. Hälfte, München 1913, S. 425.

10 Arthur Schopenhauer: Sämtliche Werke, Bd. I, S. 426.

verstanden, seine Hemmungen werden als Leiden, seine Erfüllungen als Befriedigung verstanden. Befriedigung aber sei stets nur der Anfang eines neuen Strebens, also nie dauerhaft; das Streben dagegen entspringe der Unzufriedenheit, ist in diesem Sinne Leiden. Indem das Streben als der einzig wirkliche Vorgang, die Befriedigung nur als partielle Erfüllung verstanden wird, existierten »kein Maß und Ziel des Leidens«.[11]

Um die vielzitierte pessimistische Lebenssicht Arthur Schopenhauers richtig zu verstehen, ist es unumgänglich, die Herkunft dieses Pessimismus zu erkennen. Seine Vorstellung, wonach die Welt die eigentliche Hölle sei und die Menschen darin einerseits die gequälten Seelen und andererseits die Teufel,[12] erwächst keineswegs aus einer gründlichen Analyse der sozialen und politischen Verhältnisse. Nicht auf empirischer Basis kommt er zu der Feststellung von der schlechtesten aller Welten, sondern er leitet diese Bewertung aus dem Wesen des Menschen, aus seiner Menschenauffassung ab. »Offenbar aber ist es richtiger, die Welt aus dem Menschen verstehn zu lehren als den Menschen aus der Welt: denn aus dem unmittelbar Gegebenen, also dem Selbstbewußtsein hat man das mittelbar Gegebene, also das der äußern Anschauung zu erklären; nicht umgekehrt«,[13] schreibt er und macht so seine Herangehensweise deutlich. Vom Menschenbild ausgehend, wird die Welt gesehen und gedeutet; eine zutiefst pessimistische Sicht auf den Menschen und sein Leben führt folgerichtig zu einer pessimistischen Wertung der Welt, der Gesellschaft, der Geschichte, kurz all dessen, was mit dem Menschen verbunden ist und durch ihn bewegt wird.

---

11 Ebenda, S. 425.

12 Vgl. ebenda, Bd. V, S. 354.

13 Ebenda, Bd. II, S. 824/825.

Bei Schopenhauer haben wir es also nicht mit einer pessimistischen Anschauung zu tun, die aus Einsichten in das tatsächliche Elend der menschlichen Gesellschaft in einer bestimmten konkret-historischen Phase ihrer Entwicklung abgeleitet wurde. Es ist kein sozial determinierter Pessimismus, aus dem etwa Parteinahme für das Elend der werktätigen Massen spricht und zugleich die Ausweglosigkeit, die fehlende Einsicht in mögliche Lösungen oder Veränderungen durch die Menschen selbst. Diese Art Pessimismus, wie sie nicht selten in der Geschichte auftritt, wo Gruppen oder Schichten durchaus einen Blick für Elend und Not haben, aber aus Verzweiflung oder Ausweglosigkeit zum Pessimismus neigen, nihilistische Stimmungen verbreiten und — wenn überhaupt — anarchistische, abenteuerliche Lösungen anpreisen, die das Elend letztlich nur vergrößern und so den Pessimismus verfestigen — diese Art von Pessimismus ist Schopenhauer fremd. Seine Anschauung wird durch eine abstrakte, metaphysische Menschen- und Weltsicht begründet. Das bedeutet aber auch, daß er jeden Versuch einer Veränderung oder Verbesserung letztlich für sinnlos hält. Wenn das Leiden den Kern des menschlichen Lebens, seiner gesellschaftlichen und individuellen Existenz ausmacht, dann kann daran nie und durch nichts etwas verändert werden. Man kann nur versuchen, damit zu leben und damit fertig zu werden. Das menschliche Dasein wird durch Leiden bestimmt. »Das Leben ist tief darin eingesenkt und kann ihm nicht entgehn: unser Eintritt in dasselbe geschieht unter Tränen, sein Verlauf ist im Grunde immer tragisch und noch mehr sein Ausgang.«[14] Der Schmerz wird bei Schopenhauer zur »reinigenden Lauge« im menschlichen Leben, das nichts anderes sein kann als ein steter Läuterungsprozeß. Aber auch andere Charakteri-

14 Ebenda, S. 816.

stika entwickelt Schopenhauer in dem Bemühen, diese seine pessimistische Grundansicht möglichst plastisch zu machen: »Das Leben stellt sich dar als ein fortgesetzter Betrug, im Kleinen wie im Großen.«[15] »Die Welt ist folglich so schlecht, wie sie möglicherweise sein kann, wenn sie überhaupt noch sein soll.«[16] »Was aber das Leben des einzelnen betrifft, so ist jede Lebensgeschichte eine Leidensgeschichte: denn jeder Lebenslauf ist in der Regel eine fortgesetzte Reihe großer und kleiner Unfälle ... vielleicht wird nie ein Mensch am Ende seines Lebens, wenn er besonnen und zugleich aufrichtig ist, wünschen, es nochmals durchzumachen, sondern, eher als das, viel lieber gänzliches Nichtsein erwählen.«[17]

Die Belege aus Schopenhauers Schriften ließen sich beliebig vermehren. Sie bezeugen, welchen zentralen Platz die Idee vom Leiden als dem Kern des Lebens bei Schopenhauer innehat und wie sich daraus faktisch mit Notwendigkeit *sein Pessimismus* ergibt, den man *in seiner übergreifenden, weltanschaulich bestimmenden Stellung als einen anthropologisch begründeten philosophischen Pessimismus* begreifen und einordnen muß.

Schopenhauer war sich der Dominanz seiner pessimistischen Weltsicht wohl bewußt. Mit Nachdruck verteidigte er sie gegen Angriffe, Unterstellungen und Fehldeutungen. Im zweiten Band der »Welt als Wille und Vorstellung«, den er 1844 beendete und lediglich als Ergänzung und Erweiterung der Ideen des ersten Bandes betrachtete, nahm er direkt zu dieser Frage Stellung: »Man hat geschrieben über das Melancholische und Trostlose meiner Philosophie: es liegt jedoch bloß darin, daß ich, statt als Äquivalent der

15 Ebenda, S. 733.

16 Ebenda, S. 748.

17 Ebenda, Bd. I, S. 444/445.

Sünden eine künftige Hölle zu fabeln, nachwies, daß, wo die Schuld liegt, in der Welt, auch schon etwas Höllenartiges sei ...«[18] Der Philosoph wußte also um die Konsequenzen seines Herangehens an die Welt, an das Leben der Gesellschaft und des einzelnen. Und vor allem in Konfrontation mit der Sichtweise und Lebenshaltung der Zeit, in der er sein System ausarbeitete, betonte er diese Seite seines Denkens. Dem Geist der Veränderung, des Fortschritts, der Idee der Entwicklung zu Besserem und Höherem, dem Aufbruch der Menschheit in neue, aufgeklärtere und freiere Zeiten und dem damit verbundenen optimistischen Grundgehalt der meisten Philosophien und gesellschaftlichen Lehren seiner Zeit setzte Schopenhauer seinen durch nichts zu erschütternden metaphysischen Pessimismus entgegen. Ausgehend von der Unveränderbarkeit der menschlichen Natur, widersetzte sich Schopenhauer dem historischen Denken mit der Idee eines gesellschaftlichen Fortschreitens ebenso wie der Ansicht von der möglichen moralischen Entwicklung der Menschheit, von der Veränderlichkeit der Gattung Mensch überhaupt.

Von solchen Positionen aus konnte Schopenhauer gar nicht anders als militant gegen den Optimismus als Lebensanschauung und weltanschauliches Konzept zu Felde zu ziehen. Dieser galt ihm als größte Irrlehre, »nicht bloß als eine absurde, sondern auch als eine wahrhaft *ruchlose* Denkungsart«, da er den Optimismus als einen bitteren Hohn auf die namenlosen Leiden der Menschheit verstand.[19] Da der Optimismus das Leben als einen durchaus wünschenswerten Zustand darstellt, dessen Ziel im Glück der Menschen liege, denunziert ihn Schopenhauer als falsche und verderbliche Lehre. Der Optimismus sei in allen

---

18 Ebenda, Bd. II, S. 744.
19 Ebenda, Bd. I, S. 447.

Religionen wie in der Philosophie »ein Grundirrtum, der aller Wahrheit den Weg vertritt«.[20]

Die Kampfansage an den Optimismus wurde allerdings nicht untersetzt mit einer gründlichen Widerlegung optimistischer Welt-, Gesellschafts- und Menschendeutungen. Wie so oft bei Schopenhauer, beschränkte sich die Polemik auf den verbalen Angriff der kritisierten Position, ohne sich gründlich mit ihr zu befassen und vom Inhalt ausgehend die Auseinandersetzung zu führen. Für Schopenhauer reichte es aus, *seine* Ansicht vom notwendigen Pessimismus zu begründen, um von dorther den Optimismus total in Frage zu stellen. Er überprüfte nicht die Argumente der Vertreter optimistischer Lehren und philosophischer Theorien, sondern erklärte sie in dem Atemzug, in dem er die Richtigkeit seiner Anschauung behauptete, für falsch. Vor allem fühlte er sich deshalb den optimistischen Weltsichten überlegen, weil er in ihnen Theorien sah, die empirisch und von außen ihre Weltdeutungen entwickeln und so nicht zum Wesen der Sache, zur inneren Natur des Menschen und dessen Kern, dem blindwirkenden Willen, vorgedrungen seien. Wer dagegen zu diesem Kern gelange – so wie er, Schopenhauer –, der könne gar nicht anders als ein Feind des Optimismus sein.

Die charakteristische bürgerliche Denkungsart, wenn es so etwas überhaupt gibt, wurde im 19. Jahrhundert durch einige Schlüsselbegriffe erfaßt, zu denen auf jeden Fall Aufklärung, Fortschritt, Freiheitszuwachs, positives Wissen und eben Optimismus gehören. Schon frühzeitig hatte Johann Gottfried Herder diese Ansicht in die Worte gefaßt: »Die ganze Geschichte der Völker wird uns in diesem Betracht eine Schule des Wettlaufs zur Erreichung des

20 Ebenda, Bd. II, S. 803.

schönsten Kranzes der Humanität und Menschenwürde.«[21]
In den Werken von Kant, Fichte und Hegel, in den philosophischen Arbeiten der französischen Aufklärer und Materialisten, im politischen Denken der amerikanischen und französischen bürgerlichen revolutionären Bewegungen mit ihren Menschenrechtsdeklarationen, im theoretischen Vorgehen der Junghegelianer, im Evolutionskonzept von Darwin, ja selbst in den mechanischen, undialektischen Fortschrittskonzepten eines Haeckel und auch eines Spencer – überall brach sich der Gedanke des Fortschreitens der Menschheit Bahn. Wenn dieses Denken im Laufe des 19. Jahrhunderts auch immer mehr verflachte, wenn es seinen philosophischen Tiefgang einbüßte und der Optimismus seichter, oberflächlicher wurde, so wie der Fortschrittsgedanke immer reduzierter und technisierter gedacht wurde – eine generelle pessimistische Weltsicht konnte sich nicht durchsetzen.

Insofern stand Schopenhauers Pessimismus bis in die zweite Hälfte des 19. Jahrhunderts nur für die Gesinnung einer kleinen Gruppierung der künstlerischen und geisteswissenschaftlichen Intelligenz, die dem technischen Fortschritt skeptisch gegenübertrat und die im politisch-ideologischen Leben den Niedergang der Ideale der französischen Revolution als geistige Krise der Menschheit interpretierte. Erst mit der Niederlage der deutschen Bourgeoisie in der Revolution von 1848 sowie mit den dynamischen, von scharfen Widersprüchen gekennzeichneten Auflösungserscheinungen des Kapitalismus der freien Konkurrenz im letzten Drittel des 19. Jahrhunderts gewann der weltanschauliche Pessimismus an Einfluß. Dann jedoch in

---

21 Johann Gottfried Herder: Sämtliche Werke, Berlin 1877–1913, Bd. 14, S. 212f. Zit. nach Assen Gulyga. Georg Wilhelm Friedrich Hegel, Leipzig 1974, S. 70.

einem solchen Umfang, daß Schopenhauer zeitweilig zum meistgelesenen Philosophen – zumindestens in Deutschland – wurde.

Optimismus und Pessimismus repräsentieren so innerhalb des theoretischen Denkens im 19. Jahrhundert zwei unterschiedliche Entwicklungslinien, die nacheinander, aber auch gegeneinander verlaufen. In der einen Richtung kommt die noch ungebrochene Hoffnung auf eine stete Vorwärts- und Aufwärtsentwicklung der neuen Wirtschaftsweise zum Ausdruck, getragen von dem Bewußtsein der historischen Berechtigung und Ewigkeit dieser gesellschaftlichen Ordnung. Die andere Richtung artikuliert Zweifel und schließlich Unglauben an die Entwicklung überhaupt – letztlich auch aus dem Bewußtsein heraus, daß es eigentlich nur eine immerwährende bürgerliche Ordnung geben könne. Nimmt man an, daß sie sich entwickelt hat und weiter entwickelt, so stellt man sie damit schon in Frage. Optimismus und Pessimismus prallen innerhalb der Philosophie des 19. Jahrhunderts bereits heftig aufeinander. Verschärfend kommt dabei hinzu, daß mit der Entstehung und Entwicklung der Arbeiterbewegung und ihrer Ideen der der Arbeiterklasse und ihrer revolutionären Bewegung eigene Optimismus als eine neue Sichtweise und theoretische Haltung auftritt. Dieser Optimismus steht dem metaphysischen Pessimismus eines Schopenhauer prinzipiell ablehnend gegenüber. Im Denken von Marx bilden Erkenntnisoptimismus und Zukunftsoptimismus eine Einheit. Sie gründen sich letztlich auf Einsichten in innere Zusammenhänge der gesellschaftlichen Entwicklung und auf die Erfahrungen des praktischen Kampfes für reale Veränderungen im Interesse der Unterdrückten und Ausgebeuteten.

Das ist weder ein quasi-religiöser Glaube an den Fortschritt noch ein flacher Optimismus, der sozialen Fortschritt linear vom technischen Fortschritt herleitet, und das ist auch kein metaphysischer Geschichtsoptimismus, der davon ausgeht, daß Geschichte so und nicht anders abläuft, so daß man ihr nur zu folgen brauche.

Solche Auffassungen, gegen die Marx selbst scharf polemisierte, waren jedoch im Lehrgebäude des in den vergangenen Jahrzehnten vermittelten Marxismus-Leninismus trotz aller Berufung auf Dialektik vorherrschend. Damit wurde man einem tatsächlich begründeten Optimismus als theoretische Position und auch als praktische Lebenshaltung nicht gerecht. Hinzu kam eine allein politisch motivierte Losung vom Überwinden von Fehlern im Vorwärtsschreiten, wie sie als Axiom eines – prinzipiell falsch verstandenen – Optimismus verkündet wurde. Das führte zur Unfähigkeit, sich mit Niederlagen in der eigenen Entwicklung auseinanderzusetzen, Quellen dieser Fehlentwicklungen aufzudecken und neue Lösungen anzustreben. Dadurch gab es faktisch auch kein »Training« im richtigen Umgang mit Niederlagen. Ein flacher Optimismus hält stürmischen Entwicklungen, tiefgreifenden Umbrüchen und Niederlagen nicht stand. Er wandelt sich häufig in kurzer Zeit in einen ebenso flachen Pessimismus. Die umfassende gesellschaftliche Krise, die am Ende der achtziger Jahre die DDR erfaßt hatte, verursachte nicht selten pessimistische Grundstimmungen und Ausdeutungen. Davon wurden auch bisherige Anhänger marxistischer Anschauungen erfaßt, die auf den Zusammenbruch des sich als Sozialismus verstehenden gesellschaftlichen Systems mit tiefgehenden persönlichen Erschütterungen, weltanschaulichen Krisen und Verunsicherungen reagierten. Vieles von dem, was als optimistische Weltsicht angesehen wurde, entpuppte sich nun als billige, unhaltbare Apologie.

Der Optimismus als Wesenszug des Marxschen Werkes ist komplexer Natur und hängt untrennbar mit dem Materialismus als Grundlage und der dialektischen Entwicklung zusammen. Nüchternheit und Wahrhaftigkeit der Analyse gehören ebenso dazu wie das Erfassen der tatsächlichen Triebkräfte der gesellschaftlichen Entwicklung in ihrer Gesamtheit. Die Kritik bestehender Verhältnisse, die stete Suche nach neuen, den sich verändernden Situationen adäquaten Lösungen, die realen Möglichkeiten eines humanistischen Weges der Menschheitsentwicklung und die Vision einer sozialistischen Gesellschaft bilden Bestandteile des Optimismus, wie er sich auch in historisch zugespitzten Zeiten bewährt. Nur in diesem Verständnis kann der Optimismus zu einer intellektuellen Triebkraft des Handelns werden und macht in dieser Weise einen Teil der Faszination des Marxismus aus, wie sie von Anhängern und Gegnern immer wieder neu beschrieben worden ist.

Aus dieser Sicht heraus ist dem Marxschen Denken ein theoretisch begründeter Pessimismus, der sich noch dazu als Kampfposition gegen *jeden* Optimismus versteht, nicht nur fremd, sondern wurde und wird auch heftig attackiert. Der Schopenhauersche Pessimismus kann so auch nur kritisch betrachtet werden — und das gilt auch für die Gegenwart. Allerdings bedeutet das nicht, diesen Pessimismus nicht zur Kenntnis zu nehmen oder einfach abzulehnen. Vielmehr geht es um eine geistige Auseinandersetzung, die nicht allein Kenntnisse voraussetzt, sondern die auch anerkennt, daß die kritisierte Position ihre Ursachen, ihre Träger, ihre Wirkung besitzt.

Im Ringen zwischen optimistischen und pessimistischen Weltsichten innerhalb der bürgerlichen Gesellschaft und ihres geistigen Lebens konnte Schopenhauer mit seinem Konzept allerdings nur selten eine derart vorherrschende Rolle spielen wie im letzten Drittel des 19. Jahrhunderts. Solche philosophische Mode kam eigentlich nie wieder, wohl auch deshalb, weil im 20. Jahrhundert, vor allem nach dem zweiten Weltkrieg, viele Impulse auf das geistige

Leben wirkten, die einem Erstarken des weltanschaulichen Pessimismus Paroli boten. Aber natürlich bleibt dieses Konzept immer präsent, für die weltanschauliche Deutung neuer Prozesse, für Fragen der Lebensweise von Menschen, für ganz individuelle Existenzprobleme. Und in dieser steten Präsenz für verschiedene Bereiche liegt sicher der besondere Gebrauchswert der Schopenhauerschen Position.

Der Anti-Hegel

Auch wer kaum etwas von Arthur Schopenhauer kennt, hat schon davon gehört, daß er ein Weiberfeind gewesen sei – obwohl man diese Feststellung mit Vorsicht gebrauchen und zumindest deutlich zwischen theoretischer Anschauung und praktischem Verhalten unterscheiden sollte. Viel eindeutiger und konsequenter aber war Schopenhauer *Hegel-Feind.* Der namhafteste Philosoph seiner – und wohl nicht nur seiner – Zeit wirkte wie ein rotes Tuch auf ihn, und er ließ keine Gelegenheit aus, um ihn zu attackieren, zu kritisieren und regelrecht zu verunglimpfen.

Dabei hatte alles ganz ordentlich und normal begonnen. Als Schopenhauer nach einigen Überlegungen und Erkundigungen den Entschluß faßte, sich an der Berliner Universität um eine akademische Laufbahn zu bewerben, wußte er natürlich, wen er dort als Fachkollegen antreffen würde. Hegel war durch königlichen Erlaß vom 12. März 1818 zum ordentlichen Professor für Philosophie nach Berlin berufen worden. Seit dem Herbst 1818 lebte und lehrte er in der preußischen Hauptstadt, einem Zentrum der deutschen Aufklärung. Er konnte sich als direkter Nachfolger Fichtes verstehen, den Schopenhauer als Student ja noch gehört hatte. Der Ruhm Hegels war zu dieser Zeit bereits in allen deutschen Staaten verbreitet. Auch in Berlin wuchs sein Ansehen schnell. Der zeitgenössische Philosophiehistoriker Karl Rosenkranz (1805–1879) schrieb darüber 1844 in seiner Hegelbiographie: »Unmerklich war Hegel in Berlin, ja in Preußen zu einer großen Macht geworden. Es wurde Ton, ihn zu hören. Männer aus allen Ständen besuchten seine Vorlesungen. Studierende aus allen Gegenden Deutschlands, aus allen europäischen Nationen, insbesondere Polen, aber auch Neugriechen und Skandinavier, saßen zu seinen Füßen und lauschten seinen magischen Worten, die er, in Papieren auf dem Katheder wühlend, hustend, schnupfend, sich wiederholend, nicht ohne Mühsamkeit vorbrachte. Die Tiefe des Inhalts durchdrang die Geister und ließ sie im reinsten Enthusiasmus auflodern.«[1]

Zugleich wuchs aber auch die Zahl seiner theoretischen und wohl auch politischen Gegner. In Berlin wurden sie vor allem von Friedrich Schleiermacher (1768–1834) repräsentiert, der in seinen philosophischen und theologischen Positionen die romantische Bewegung vertrat, die Dialektik im platonischen Sinne interpretierte und Hegel als Vertreter eines Dogmatismus attackierte.

Schopenhauer reihte sich von Anfang an in die Gegnerschar Hegels ein. Zwar war davon in seinem Bewerbungsschreiben an den Dekan der Fakultät, August Boeckh (1785–1867), und auch im Brief an Boeckh vom 18. März 1820 nichts zu spüren, in dem er mitteilte, er habe »bei dem Herrn Professor Hegel um die Erlaubnis angehalten«, seine Probevorlesung zu halten, und Hegel »hatte die Güte, mir mit der größten Bereitwilligkeit seine Genehmigung« zu erteilen.[2] Aber bereits in seiner Bewerbung vor dem Habili-

---

1 Karl Rosenkranz: Hegels Leben, 1844, S. 379f. Zit. nach: Paul Deussen: Neuere Philosophie von Descartes bis Schopenhauer, Leipzig 1922, S. 348.

2 Arthur Schopenhauer: Gesammelte Briefe, S. 61.

tationsverfahren schrieb er an den Dekan, daß dieser die Stunde seiner späteren Vorlesungen auswählen möge, aber »am passendsten ist wohl die, wo Herr Prof. Hegel sein Hauptkollegium liest«.[3] Für einen künftigen Privatdozenten, der noch nicht einmal seine Habilitation erfolgreich hinter sich gebracht hatte, war dies natürlich eine klare Herausforderung.

In seinen späteren Erinnerungen hat Schopenhauer geradezu genüßlich von seiner Habilitation berichtet. Thematisch ging es dabei »über 4 verschiedene Arten von Ursachen, aus welchen alle in Raum und Zeit erscheinende Wesen sich mit Notwendigkeit bewegen, und welchen 4 Arten von Ursachen gemäß, diese Wesen selbst in 4 Arten zerfallen, nämlich in leblose Körper, die sich nach Ursachen im engsten Sinne des Wortes bewegen; in Pflanzen, deren Bewegungen und Veränderungen nach Reizen vor sich gehen; in Thiere, die durch Motive bewegt werden ... und endlich in Menschen, deren Thun durch Motive in *abstracto* geleitet und bestimmt wird ...«[4] Dabei sei es zu einem Zusammenstoß mit Hegel gekommen, der, um Schopenhauer in Verlegenheit zu bringen, gefragt habe: »Wenn ein Pferd sich auf der Straß hinlege, was da Motiv sei. Ich antwortete: der Boden, den es unter sich finde, im Zusammentreffen mit seiner Müdigkeit, einer Gemütsbeschaffenheit des Pferdes. Stünde das Pferd an einem Abgrunde, so würde es sich nicht niederlegen. Hegel warf ein: Sie rechnen die animalischen Funktionen gleichfalls zu den Motiven? also der Schlag des Herzens, der Blutumlauf usw. erfolgen auf Anlaß von Motiven?« Hier nun freute sich Schopenhauer über den »Monsieur Nichtwisser«, denn animalische Funktionen seien die bewußten Bewegungen des tieri-

---

3 Ebenda, S. 55.

4 Ebenda, S. 61.

schen Leibes, was im Disput dazu auch der Mediziner Lichtenstein für Schopenhauer und gegen Hegel bezeugt habe.[5]

Ob sich der Vorgang tatsächlich so abgespielt hat — das Protokoll der Habilitation vom 23. März 1820 gibt darüber keine Auskunft —, ob Hegel vielmehr genauer nach »Reizen« gefragt habe, wie Assen Gulyga es aus Notizen Hegels während des Disputs ableitet[6], ob Dichtung und Wahrheit hier munter durcheinandergehen, fest steht, daß es sicher keinen Grund gibt, diese Diskussion als einen Beleg für die »Unwissenheit« Hegels anzuführen. Aber natürlich paßte diese Darstellung in die generelle Beziehung Schopenhauers zu Hegel. Hegel erschien einerseits als eine Art Spitze, als Höhepunkt oder — in Schopenhauers Sicht — als Tiefpunkt der Entwicklung der Philosophie nach Kant, einer Entwicklung des Niedergangs und Verfalls. Andererseits wurde Hegel — in dem Maße, wie die Verbitterung bei Schopenhauer über seine Erfolglosigkeit als Philosoph wuchs — zum Repräsentanten des von ihm gehaßten Standes der Universitätsphilosophen, die ausgehalten und bezahlt würden und sich daher gegen die freie, wahrheitsgemäße Forschung wendeten.

Die Haßtiraden Schopenhauers füllen viele Seiten. Mancher, der sich heute mit diesem Philosophen befaßt, übergeht diese Seite oder spielt sie als zeitbezogene Polemik herunter. Man sollte jedoch die Militanz der Gegnerschaft zu Hegel keineswegs geringschätzen, weder für die Zeit, in der Schopenhauer wirkte, noch für das Denken Schopenhauers überhaupt. Er nannte Hegel einen »widerlichen,

---

5 Diese immer wieder nacherzählte Begebenheit erschien zuerst bei Karl Bähr: Gespräche und Briefwechsel mit Arthur Schopenhauer (Aus dem Nachlaß von Karl Bähr herausgegeben von Ludwig Schemann), Leipzig 1894, S. 51f.

6 Assen Gulyga: Georg Wilhelm Friedrich Hegel, S. 196.

geistlosen Scharlatan und beispiellosen Unsinnschmierer«[7], einen »durchweg erbärmlichen Patron«, dessen »ganze Philosophasterei eigentlich eine monstrose Amplifikation des ontologischen Beweises war«[8] und der auf die Philosophie »einen höchst verderblichen, recht eigentlich verdummenden, man könnte sagen: pestilenzialischen Einfluß gehabt« habe.[9] Hegel gehe »mit starken Schritten der Verachtung entgegen, die seiner bei der Nachwelt wartet«,[10] er sei ein »platter, geistloser, ekelhaft-widerlicher, unwissender Scharlatan, der mit beispielloser Frechheit Aberwitz und Unsinn zusammenschmierte«.[11]

Diese Schimpfkanonade könnte beliebig erweitert werden, wobei Hegel hier für die gesamte klassische deutsche Philosophie nach Kant steht, denn nach Meinung Schopenhauers sind »*Fichte, Schelling* und *Hegel* keine Philosophen«, sondern »bloße Sophisten«, die lediglich »viel Aufsehn und Spektakel mit ihrer Scheinphilosophie« betrieben hätten.[12] Alle diese Repräsentanten des geistigen Lebens — und viele andere dazu — wurden als Vertreter einer besoldeten »Kathederphilosophie« denunziert, einer Philosophie »ohne Wahrheit, ohne Klarheit, ohne Geist, ja ohne Menschenverstand«.[13] In seinem Artikel »Über die Universitäts-Philosophie« führte Schopenhauer das »Schicksal der He-

7 Arthur Schopenhauer: Die Welt als Wille und Vorstellung II. In: Sämtliche Werke, Band II, S. 95.

8 Arthur Schopenhauer: Über die vierfache Wurzel des Satzes vom zureichenden Grunde. In: Sämtliche Werke, Band III, S. 23.

9 Arthur Schopenhauer: Die beiden Grundprobleme der Ethik. In: Sämtliche Werke, Band III, S. 495.

10 Ebenda, S. 516.

11 Arthur Schopenhauer: Parerga und Paralipomena I. In: Sämtliche Werke, Band IV, S. 121.

12 Ebenda, S. 32.

13 Ebenda, S. 169.

gelschen Afterweisheit« bis hin zu der Feststellung, die »Hegelsche Apotheose des Staats wird bis zum Kommunismus weitergeführt«.[14] Er, Schopenhauer, habe stets die Wahrheit gesucht und nicht eine Professur, »hierauf beruht im letzten Grunde der Unterschied zwischen mir und den sogenannten nachkantischen Philosophen«.[15] Diese seien »vom Ministerio zur Philosophie berufen und ich bloß von der Natur«.[16] Schließlich scheute sich Schopenhauer nicht, den Universitätsphilosophen seiner Zeit eine regelrechte Verschwörung zu unterstellen: Er sei der »Kaspar Hauser« der Philosophie-Professoren, denn »abgesperrt haben sie mich von Luft und Licht, daß ich nicht heraus soll in die Welt, weil meine Erscheinung ihnen sehr unbequem wäre«.[17]

Der Fall des Kaspar Hauser erregte seinerzeit in der Öffentlichkeit großes Aufsehen. 1828 wurde in Nürnberg ein Jüngling aufgegriffen, der offensichtlich in nahezu völliger Isolierung von Menschen gehalten worden war. Mit diesem Rechtsfall beschäftigte sich Paul Anselm Ritter von Feuerbach, der bekannte Rechtsgelehrte und Vater des Philosophen Ludwig Feuerbach. Später schrieb Jakob Wassermann einen Roman über diesen Fall, und Kaspar Hauser wurde zum Synonym für einen isolierten, absichtlich von der Gesellschaft ferngehaltenen Menschen.

Wie stets, wenn es um seine Person und seine Philosophie ging, übertrieb Schopenhauer hier gewaltig. Er konnte seine Werke publizieren, was so manchem anderen Denker aus den verschiedensten Gründen verwehrt blieb. Es gab

---

14 Ebenda, S. 179/180.

15 Ebenda, S. 176 (Fußnote).

16 Arthur Schopenhauer: Über die vierfache Wurzel des Satzes vom zureichenden Grunde. In: Sämtliche Werke, Band III, S. 147.

17 Arthur Schopenhauer: Gesammelte Briefe, S. 223.

eine zugegebenermaßen nicht gerade euphorische, aber doch durchaus nicht unterprivilegierte Reaktion in einer Reihe von Rezensionen; er konnte sich habilitieren und als Privatdozent an einer der angesehensten Universitäten seiner Zeit Vorlesungen halten. Was *er* daraus dann tatsächlich machte, durfte er nicht seinen Zeitgenossen oder Fachkollegen anlasten. Die Philosophen dieser Zeit reagierten auf Schopenhauers System und seine Grundpositionen so, wie es im Interesse und Geist dieser Zeit lag — mit kühler, schnell erlahmender Anteilnahme. Es gab für dieses Konzept keinen Bedarf.

Es wäre jedoch zu billig, die geradezu fanatische Ablehnung Hegels allein aus einer persönlichen Verärgerung, aus gekränkter Eitelkeit oder einer allgemeinen Antipathie gegen Universitätsphilosophen abzuleiten, wenn auch sicher Art und Weise der Kritik aus solchen Gründen mit zu erklären sind. Es muß für diese scharfe Konfrontation tiefere, theoretisch-philosophisch begründete Ursachen geben. Sie liegen ganz offensichtlich in der allgemeinen Unverträglichkeit der philosophischen Haltungen und Positionen.

Schopenhauer wollte und konnte die großen theoretischen Leistungen Hegels nicht anerkennen. Er hatte sich sehr wohl, wie der Nachweis seiner Bibliothek zeigt, intensiv mit Hegelschen Arbeiten befaßt. Seine Ansichten zeugen also keineswegs, wie manchmal behauptet wird, von Ignoranz und Nichtwissen. In den meisten zentralen Positionen gab es zwischen dem von ihm ausgearbeiteten System der Welt als Wille und Vorstellung und dem gewaltigen Hegelschen Ideengebäude keine Brücken; sie waren vielmehr diametral entgegengesetzt. Das reicht vom Erkenntnisoptimismus Hegels bis zu seiner Ansicht vom Fortschritt der Menschheit, von der Einsicht in die menschliche Geschichte als einem Prozeß bis zur umfassenden Dialektik. Stets bezog Schopenhauer grundsätzlich andere Haltungen. Zwischen beiden Philosophen ging es so nicht um die eine oder andere Meinungsverschiedenheit, sondern um prinzipielle Gegensätze bei der philosophischen Deutung der Welt, des Menschen und seiner Geschichte, des Denkens und auch der Philosophie selbst.

Es ist allerdings auffällig, daß Schopenhauer einer sachlichen Polemik mit Hegel — insbesondere in Grundfragen — ausgewichen ist. Er bevorzugte disqualifizierende Ausfälle, verbale Angriffe und regelrechte Beschimpfungen, ohne einzelne Belege für seine lautstarken Unterstellungen anzuführen. Und wo er es doch tat, da mied er das Zentrum des Streits und wich auf zweitrangige Fragen und Beispiele aus. So entwickelte er in der Vorrede zur ersten Auflage der Schrift »Die beiden Grundprobleme der Ethik« aus dem Jahre 1840, in der er gegenüber der Dänischen Akademie der Wissenschaften seine Kritik an Hegel verteidigte, einige detaillierte Argumentationen, mit denen er zu zeigen versuchte, daß Hegels Philosophie eine »kolossale Mystifikation« darstelle. Dabei setzte er sich mit Aussagen Hegels aus der »Enzyklopädie der philosophischen Wissenschaften« auseinander, die von Hegel selbst dort lediglich als Beispiele, faktisch im Kleingedruckten, verwendet wurden. Schopenhauer begründete seine Auswahl mit dem Hinweis, er wollte keine komplizierten philosophischen Fragen anführen, die »eine Verschiedenheit der Ansicht zulassen« und auch keine speziellen physikalischen Wahrheiten, »welche genauere empirische Kenntnisse voraussetzen«, sondern solche Probleme, »die jeder durch bloßes Nachdenken lösen kann«, weil damit ein verkehrtes Urteil ein deutliches und »unleugbares Zeichen ganz ungewöhnlichen Unverstandes« sein müsse.[18] Und eben darauf kam es ihm

18 Arthur Schopenhauer: Die beiden Grundprobleme der Ethik. In: Sämtliche Werke, Band III, S. 501.

an. Seine Überlegung ging dahin, daß ein Denker, dem man in einer einfachen Frage Ungenauigkeit oder gar Unwissenheit nachweisen könne, dadurch in den eigentlich philosophischen Fragen gänzlich disqualifiziert sei.

Schopenhauer zitierte aus der »Enzyklopädie« aus den Paragraphen 293, 269 und 298 Aussagen Hegels zur Schwere, zum Verhältnis von Gravitation und Trägheit und zur Vergänglichkeit von Materie. Nehmen wir sein drittes Beispiel. In verkürzter Form brachte er eine Passage von Hegel, die dieser als Beispiel für sein Problem – die Idealität der Existenz – anführte. Dabei erläuterte er an der zu seiner Zeit geäußerten Auffassung über die Erklärung der Poren, daß abstrakt zwar die Vergänglichkeit von Materie zugegeben wurde, in der direkten Anwendung man sich dagegen jedoch sträube. »Die Poren sind wohl das Negative«, meinte Hegel, »aber sind das Negative nur *neben* der Materie, das Negative *nicht der Materie selbst,* sondern *da, wo sie nicht* ist; so daß in der Tat die Materie nur als affirmativ, als *absolut-selbständig, ewig,* angenommen wird. Dieser Irrtum wird durch den allgemeinen Irrtum des Verstandes, daß das Metaphysische nur ein Gedankending *neben,* d. i. *außer* der Wirklichkeit sei, eingeführt; so wird *neben* dem Glauben an die Nicht-Absolutheit der Materie *auch* an die Absolutheit derselben geglaubt; jener findet außer der Wissenschaft statt, wenn er stattfindet; dieser aber gilt wesentlich in der Wissenschaft.«[19]

Aus dieser als Beispiel entwickelten Überlegung schließt Schopenhauer prinzipiell, Hegel spräche sich dafür aus, die Materie sei vergänglich. Dagegen setzt er seine Sicht, daß es eine Erkenntnis a priori sei, wonach die Materie unzer-

---

19 Georg Wilhelm Friedrich Hegel: Enzyklopädie der philosophischen Wissenschaften im Grundrisse (1830), Berlin 1975, S. 247.

störbar und unentstanden sowie absolut in dem Sinne sei, »daß ihr Dasein ganz außerhalb des Gebietes der Kausalität liegt«.[20]

Hier wird sichtbar, daß in dieser Frage sehr wohl zentrale weltanschauliche Standpunkte aufeinanderprallen, daß es sich hierbei durchaus nicht um eine einfache Frage des »gesunden Menschenverstandes« handelte, sondern um die zutiefst philosophische und brisante Grundfrage nach der Bestimmung der Materie, nach der Stellung der Materieauffassung im eigenen Denksystem, aber auch um die Frage nach einem mechanischen oder dialektischen Umgang mit der Materiebestimmung. Vergleicht man einmal Lenins Bemerkungen zu seinem Konspekt zur »Wissenschaft der Logik« von Hegel, dann wird der Unterschied im Herangehen besonders deutlich. Lenin erkannte die Tiefe der Ideen Hegels, auch bezogen auf das Problem der Unendlichkeit der Materie[21], indem er sich bemühte, »Hegel materialistisch zu lesen«.[22] Gleichzeitig verstand er aber auch, warum Hegel zeitgenössische Philosophen wie Karl Pearson (1857–1936) in Rage brachte, so daß dieser erklärte, Hegel lehre einen unsinnigen Galimathias. »Und in *einem gewissen*, begrenzten Sinn hat er recht«, erklärt Lenin. »Daraus muß man zunächst die materialistische Dialektik *herausschälen.*«[23]

Schopenhauer dagegen suchte nicht nach dem tieferen Gehalt im Hegelschen Denken; er führte die Polemik um die Materie an, weil er für seine Meinung vom gedankenlosen Philosophen Hegel einen Beleg suchte. Die angeführ-

---

20 Arthur Schopenhauer: Die beiden Grundprobleme der Ethik. In: Sämtliche Werke, Band III, S. 500.

21 Vgl. W. I. Lenin: Konspekt zur Wissenschaft der Logik. In: Werke, Bd. 38, S. 102.

22 Ebenda, S. 94.

23 Ebenda, S. 144.

ten Zitate belegen so weniger die Ungenauigkeit, Fehlerhaftigkeit oder gar Dummheit bei Hegel; sie zeigen vielmehr die Absicht desjenigen, der sie vorführt, auf einem einzelnen Gedanken entscheidende Widersprüche aufzubauen. Im übrigen handelte Schopenhauer hier gegen seine eigene Maxime: »Widersprüche aufzuzeigen ist die gemeinste und verrufenste Art einen Autor zu widerlegen: man kann es bei Jedem, weil es in 99 Fällen unter 100 bloß scheinbar ist, da man unredlich verfährt«, schrieb er 1857, als ihm von einem Kritiker vorgeworfen wurde, sein Werk sei voller Widersprüche. Der Autor habe einen Komplex von Stellen »aus den entlegensten Theilen meiner Schriften herausgebrochen, dann verdreht, entstellt, verfälscht ...«[24] Ob er dabei wohl an sein eigenes Vorgehen gegen Hegel gedacht haben mag?

Sicher nicht. Denn für Schopenhauer galt es als unerschütterliche Gewißheit, daß das gesamte Denkgebäude Hegels auf Sand gebaut und ebenso falsch wie verderblich sei. Er erkannte nicht die *Entwicklung*, die es, von Kant ausgehend, bis zu Hegel gegeben hatte. Für ihn war das ein Abfall von Kant, ein Niedergang der Philosophie überhaupt. Schopenhauer, an der Geschichte der Philosophie durchaus geschult und im Umgang mit der Philosophie Kants, als dessen wichtigsten Fortsetzer er sich ansah, geübt, war nicht in der Lage, zu verstehen, in welchen Fragen und in welchen Dimensionen solche zeitgenössischen Denker wie Fichte, Schelling und vor allem Hegel, von Kant kommend, über Kant hinaus- und auch von ihm weggingen. Sehr genau jedoch markierte er die Stellen, wo sie schwächer als Kant waren, ungenauer als Kant, wo sie hinter Kantschen Positionen zurückblieben: Das waren natürlich genau jene Seiten des Kantschen Denkens, an die ge-

---

24 Arthur Schopenhauer: Gesammelte Briefe, S. 415.

rade er, Schopenhauer, positiv und kritisch zugleich, angeknüpft hatte. So zeigt sich im Verhältnis Schopenhauers zu Hegel eine Beziehung, die in der Geschichte der Philosophie immer wieder entsteht: unterschiedliche, gegensätzliche praktische Interessenlagen von Menschen, Gruppen von Menschen, Klassen und Schichten finden in irgendeiner Weise auch ihren weltanschaulich-theoretischen Ausdruck, entweder durch eigene theoretische Wortführer und deren Systeme oder durch das Okkupieren und Modifizieren vorhandener Denkmodelle, die den eigenen Bedürfnissen nahekommen und angepaßt werden können. Im geistigen Leben der Gesellschaft prallen solche Anschauungen aufeinander, auf verschiedenen Ebenen, in vielfältiger Weise, nicht zuletzt im philosophischen Disput, bei dem die praktischen Interessen oft kaum noch nachweisbar sind. Und nicht selten führen diese geistigen Auseinandersetzungen auch zum scharfen Streit zwischen den beteiligten Personen. Die zeitgenössische Polemik Schopenhauers mit Hegel hat zu Lebzeiten Schopenhauers kaum Wirkung gezeigt. So wenig er mit seinen eigenen philosophischen Ansichten positiv Einfluß gewinnen konnte, so wenig nahm sein Antihegelianismus realen Einfluß auf die Philosophie seiner Zeit. Daß Hegels Ideen im geistigen Leben in der zweiten Hälfte des 19. Jahrhunderts an Wirkung einbüßten, hatte eine Reihe recht unterschiedlicher Gründe; die Attacken Schopenhauers waren dafür nicht bedeutsam.[25] Ganz anders verhielt es sich in der Hoch-Zeit der Wirkun-

---

25 Köhnke weist in seiner Untersuchung zum Neukantianismus detailliert und faktenreich nach, wie der Vormarsch des neukantianischen Philosophierens zu einem schnellen Rückgang der Wirkung Hegels, vor allem im Bereich der Universitätsphilosophie, führte. Vgl. Klaus Christian Köhnke: Entstehung und Aufstieg des Neukantianismus. Die deutsche Universitätsphilosophie zwischen Idealismus und Positivismus, Frankfurt a. M. 1986.

gen von Schopenhauer, als er zum Modephilosophen geworden war. Zu dieser Zeit fielen der tatsächliche Niedergang der Hegelschen Denkschulen und das Bekanntwerden der Schopenhauerschen Haßtiraden auf Hegel zusammen. Die Hegelattacken Schopenhauers erschienen so als weitreichende, kühne Voraussagen, die nun wahrgemacht wurden. Da die konsequente, auf den Inhalt seiner Philosophie orientierte Hegelrezeption weitestgehend eingestellt wurde, benötigte man auch keine inhaltliche, theoretische und überzeugende Polemik. Um Hegel zum »toten Hund« zu machen, genügten kräftige Verdammungen — und die lieferte die Lektüre Schopenhauers massenweise. Im Sinne eines echten Widerparts, eines theoretischen Gegners im öffentlichen Meinungsstreit ist Arthur Schopenhauer nie ein Anti-Hegel gewesen und auch nie geworden. Er hat sich selbst dazu zu profilieren versucht und wurde dann von seinen Aposteln und Anhängern zu einem solchen erklärt.

Der Philister unter den Philosophen

Von Franz Mehring, der sich immer wieder und in recht komplexer Weise mit Schopenhauer auseinandergesetzt hat, stammt die Einschätzung, daß dieser Denker »unter den Philistern ein Philosoph war, aber ein Philister unter den Philosophen«.[1] Dieses viel zitierte Wort darf auf keinen Fall als bloße Abwertung, als Diskreditierung angesehen werden. Mehring hat die Stärken von Schopenhauers Philosophieren wohl gesehen und auch deutlich benannt. Seine Charakteristik läßt sich auf keinen Fall auf dieses eine Bonmot reduzieren. Von der Anerkennung Schopenhauers als philosophischer Denker ist Mehring nie abgegangen. So würdigte er ihn als philosophischen Kopf neben solchen Großen der Philosophie wie Kant und Fichte, hob seine Leistungen auf ästhetischem Gebiet hervor, anerkannte seine umfangreichen philosophiehistorischen Kenntnisse und lobte nicht zuletzt seine Sprachgestaltung. Und doch: Schopenhauer war eben auch der Typ des Philisters, sein geistiger Repräsentant. Über den deutschen Philister ist viel geschrieben worden. Als Zielscheibe von Witz

---

1 Franz Mehring: Zurück auf Schopenhauer! In: Philosophische Aufsätze. Gesammelte Schriften, Bd. 13, Berlin 1961, S. 152.

und Karikatur, von scharfem Spott und politischer Satire diente und dient er allen jenen Kräften, die sich von geistiger Enge, politischem Druck und moralischer Borniertheit befreien wollten. Das Philistertum als politische und geistige Haltung, aber auch als Lebensauffassung, wurde zumeist synonym für Spießbürgertum benutzt, wobei der »Spießer« alle negativen Elemente und Charakteristika eines sozialen Typs, des Kleinbürgers, verkörperte. Allerdings sollte dabei nicht übersehen werden, daß zumindest in der künstlerischen Gestaltung des Philisters – in Literatur und Malerei zum Beispiel – auch stets ein wenig Sympathie, ein Werben um Verständnis eine Rolle spielte. Im Gebrauch dieser Begriffe findet man so deutliche Unterscheidungen.

Lenin nutzte beispielsweise die Bestimmung »kleinbürgerlich« als exakte soziologische Bestimmung von Klassenkräften, während er »philiströs« politisch und moralisch abwertend gebrauchte, wenn er gegen einen moralisch nicht integren Gegner polemisierte.

Mehrings Bonmot kennzeichnet also erstens die Interessenlage: Schopenhauer bringt bürgerliche, genauer kleinbürgerliche Lebensinteressen auf spezifische Weise, auf philosophischem Niveau und mit hohem intellektuellem Anspruch zum Ausdruck. Zweitens zielt es auf typische Persönlichkeitszüge des Denkers. Tatsächlich erfaßt dies die widersprüchliche Entwicklung von Schopenhauer und seiner Philosophie sehr treffend. Als Philosoph – und er war ein ernsthafter und bis heute ernst zu nehmender Denker – rang er um eine umfassende Weltsicht, um eine Kosmologie, um die Einsicht in letzte Beweggründe und Zusammenhänge, um die Wahrheit, kurz um das Wesen des Weltganzen; als Bürger seiner Zeit lebte er auf immer engerem Raum, in immer abgeschlosseneren Bereichen, auf geschichtslosem Boden und mit einem immer kleinlicheren Beharrungs- und Behauptungswillen.

Wolfgang Schirmacher, Schopenhauerkenner und Präsident der internationalen Schopenhauer-Vereinigung, versucht die innere Widersprüchlichkeit Schopenhauers als Ausdruck verschiedener Lebensphasen zu interpretieren, wenn er schreibt: »Der junge Schopenhauer ist dem Leben gegenüber vorurteilslos offen, von gelassener Fröhlichkeit, den Genuß der Sexualität durchaus nicht scheuend. Der Schopenhauer von Dresden (und nur dieser zählt wirklich philosophisch) ist bei seinem grimmigen Tagewerk, die ›Welt als Wille und Vorstellung‹ zu schreiben, gelassen und voll Zuversicht ... Der Schopenhauer von Frankfurt jedoch, das sei zugegeben, ähnelt fatal einem bankrotten Bourgeois, dem die Felle davongeschwommen sind und der sich durch Bramarbasieren darüber hinwegzutäuschen sucht.«[2] Die reale innere Entwicklung Schopenhauers zeigt die hier benannten Haltungen doch wohl eher gleichzeitig und im inneren Widerstreit als in einem mehr oder weniger geordneten Nacheinander.

Wenn man die Jahre zwischen der Habilitation an der Berliner Universität und dem Revolutionsjahr 1848 unter diesem Gesichtspunkt betrachtet, dann treten die philisterhaften Züge in dieser Etappe immer deutlicher hervor. Das begann also bereits in den Berliner Jahren. Er entwickelte Gewohnheiten, die nicht zu Unrecht von seiner Umgebung als Schrullen betrachtet wurden. Natürlich war ein Pudel, den sich Schopenhauer seit dieser Zeit hielt, nichts Ungewöhnliches, auch wenn sie in verschiedenen Generationen aufeinander folgten, zuerst als weißer, sodann als brauner

2 Wolfgang Schirmacher: Schopenhauers Ethik im 21. Jahrhundert. In: Schopenhauer im Denken der Gegenwart. Hrsg. v. Volker Spierling, München 1987, S. 264.

»Butz«. Aber die enge Beziehung zwischen Herr und Hund, die Entgegensetzung von Mensch und Hund, die spätere Hochschätzung des zumeist einzigen Lebensgefährten als »Atma« – Weltseele –, das waren schon Auffälligkeiten, die durchaus Schlüsse auf entsprechende Anschauungen erlaubten.

Schopenhauer verbrachte die meiste Zeit zwischen seiner Probevorlesung am 23. März 1820 und seiner endgültigen Übersiedlung nach Frankfurt am Main 1833 in Berlin. Unterbrochen wurden diese Berliner Jahre lediglich durch eine zweite Italienreise 1822/23 und einen längeren krankheitsbedingten Zwischenaufenthalt 1823 in München. Ansonsten gab es nur Stippvisiten in Dresden – so im September 1824 – oder in Gastein, wo er im selben Jahr zur Kur weilte.

In diesen Jahren schien um Schopenhauer die Zeit stillzustehen. Rechtsstreitigkeiten und Liebeshändel, Heiratspläne und zweitrangige Übersetzungen bewegten ihn, so als gäbe es nur dies. Dabei pulsierte gerade in diesem Jahrzehnt das geistige Leben in Berlin sehr kräftig. Auf dem ureigensten Gebiet Schopenhauers, der Philosophie, entwikkelte Hegel in seinen Vorlesungen Grundprobleme der Logik und Metaphysik, der Philosophie des Rechts und der Kunst, der Geschichte der Philosophie und der Religionsphilosophie. In den gutbesuchten Veranstaltungen saßen Studenten wie der junge Ludwig Feuerbach, Bürger der Stadt, Kollegen der Universität. Schleiermacher polemisierte gegen Hegel. Die Brüder Humboldt zogen durch ihre Tätigkeit namhafte Natur- und Geisteswissenschaftler in die Preußenmetropole. E. T. A. Hoffmann und Adalbert von Chamisso spielten im literarischen Leben eine große Rolle. 1821 wurde im eben erbauten Schauspielhaus am Gendarmenmarkt die Oper »Der Freischütz« von Carl Maria von Weber uraufgeführt. Tageszeitungen und Journale förderten die Meinungsbildung, auf theoretischem Gebiet vor allem die 1827 begründeten »Jahrbücher für wissenschaftliche Kritik«. Das gesellige Leben in den Salons, so vor allem in dem von Rahel Varnhagen von Ense, war vielgestaltig und stand auf hohem Niveau. »Trotz Restauration der Adelsherrschaft, trotz Repressalien, Denunziationen, Verhören und willkürlichen Verhaftungen, trotz der allenthalben zu gewärtigenden Einkerkerung in der berüchtigten Stadtvogtei war die Entfaltung eines reichen, von bürgerlichem Geist getragenen kulturellen Lebens in Berlin nicht aufzuhalten oder auch nur einzudämmen. Berlin war im Aufbruch zu einem kulturellen Zentrum von europäischem Rang.«[3]

Von all dem schien Schopenhauer wenig wahrzunehmen. Zwar pflegte er Kontakte zu dem Zoologen Martin Hinrich Carl Lichtenstein, der ihm schon bei seiner Privatdozentur an der Universität behilflich gewesen war. Aber heimisch wurde Schopenhauer in Berlin offensichtlich nicht. Nachdrücklich vermerkte er 1830 in einem Brief, »ich bin kein Berliner und mag keiner *seyn*«,[4] nachdem er mehrfach versucht hatte, an den Universitäten in Würzburg oder Heidelberg unterzukommen, wobei er darauf verwies, daß ihm Berlin, »diese große, gedrängte unruhige Stadt, mitten in einer furchtbaren Sandwüste, unter nordischem Himmel«[5] recht zuwider sei.

Ein Lichtblick in dieser Zeit war für ihn die Besprechung, die 1825 in der »Kleinen Bücherschau« zu seinem Buch »Die Welt als Wille und Vorstellung« erschien. Kein Geringerer als der namhafte Schriftsteller Jean Paul

---

3 Wissenschaft in Berlin. Von den Anfängen bis zum Neubeginn nach 1945, Berlin 1987, S. 134.

4 Arthur Schopenhauer: Gesammelte Briefe, S. 125.

5 Ebenda, S. 105.

(1763–1825) meldete sich mit einem kritischen Lob zu Wort, das Schopenhauer in der Folgezeit immer wieder und bei jeder nur passenden Gelegenheit zitierte. Ihm wurde hier »ein genial philosophisches, kühnes, vielseitiges Werk, voll Scharfsinn und Tiefsinn« bestätigt, allerdings auch mit »oft trost- und bodenloser Tiefe«. Jean Paul meinte denn auch zurückhaltend: »Zum Glück kann ich das Buch nur loben, nicht unterschreiben.«[6]

1831 verließ Schopenhauer Berlin für immer. Auf der Flucht vor der grassierenden Seuche suchte er einen »cholerafesten« Ort, der seinen Lebensgewohnheiten besser entsprach als die preußische Hauptstadt. Der theoretische Ertrag der Berliner Jahre war mager. Zwar hatte er sich der mühsamen Arbeit unterzogen, sein Buch »Die Welt als Wille und Vorstellung« in einen durchaus anschaulichen Vorlesungszyklus umzuarbeiten[7], doch die Zuhörer blieben aus. Er begann mit Spanischstudien und übersetzte Texte des Philosophen Balthasar Gracian. Sie erschienen jedoch erst nach seinem Tode.

Nachhaltigen Eindruck hinterließ in Berlin wohl nur die Choristin Caroline Richter (Medon) auf Schopenhauer. Er unterhielt zu ihr seit 1821 enge Beziehungen, an die er sich noch im Alter erinnerte; er bedachte seine langjährige Freundin in seinem Testament.

Nach längerem Pendeln zwischen Mannheim und Frankfurt entschied sich Schopenhauer nach reiflichem Überlegen für die Stadt am Main. Seine Gründe führte er exakt auf und wog alle Vor- und Nachteile kühl ab, vom Klima über die Preise bis zur ärztlichen Versorgung. »Mir

---

6 Jean Paul: Kleine Nachschule zur ästhetischen Vorschule. In: Kleine Bücherschau, Bd. 2, Breslau 1825, S. 200.

7 Vgl. Arthur Schopenhauer: Philosophische Vorlesungen. In: Arthur Schopenhauers sämtliche Werke, hrsg. v. Paul Deussen, Band 9 und 10, München 1913.

gefällt der Rhein, weil ich bloß aufs Physische, Klima, Wohlfeilheit und Bequemlichkeit sehe: Frkft ist a comfortable place«, schrieb er 1835 an seine Schwester Adele. Daß es ihm tatsächlich um diese äußeren Dinge ging, verriet der Nachsatz: »Menschen sind mir nichts, nirgends.«[8]

Und so lebte Schopenhauer denn auch in Frankfurt, einer Stadt, die sich natürlich deutlich von Berlin unterschied. Es war ein Rückzug vom politischen und gesellschaftlichen Leben, das Schopenhauer ja schon in Berlin nur am Rande miterlebt hatte. Der Auszug aus Berlin nach Frankfurt war nicht allein die Suche nach einem »cholerafesten« Platz, obwohl das sicher für den ängstlich um seine Gesundheit besorgten Philosophen eine wichtige Rolle spielte. Es war wohl in erster Linie der Entschluß, auf jede weitere Bemühung um eine Tätigkeit an einer Universität zu verzichten, sich auch in keiner anderen Weise im gesellschaftlichen Leben zu engagieren und sich derart ganz auf sich selbst und sein Denken zurückzuziehen. Insofern

---

8 Arthur Schopenhauer: Gesammelte Briefe, S. 152. Vgl. dazu auch folgende Aussage vom Dezember 1836: »Der Aufenthalt hier gefällt mir einstweilen: das Klima ist das schönste und gesündeste von Deutschland, beinahe auch so mild wie das von Paris, die Umgebung ist reizvoll und ich bin ein großer Wanderer, man lebt hier viel besser und billiger als in Berlin, vor allem sind die Hotels und ihre Mittagstische die besten von ganz Europa, die niedrige und die mittlere Masse der Einwohner ist von einer seltenen Rechtschaffenheit, es gibt ein gutes Theater: endlich, was das leibliche Wohlbefinden, die Bequemlichkeiten angeht, ist es der beste Ort von Deutschland: und was die Menschen angeht, die Gesellschaft, die, glaube ich, hier noch dümmer ist als anderswo, — ich lasse mich nicht stören, da ich seit langem vom Verkehr mit den Menschen angeekelt bin und weiß, daß sie nicht der Mühe wert sind, meine Zeit mit ihnen zu verlieren ...« Ebenda, S. 671/672.

störte ihn beim letztendlichen Wechsel von Mannheim nach Frankfurt Mitte des Jahres 1833 nicht einmal mehr die Tatsache, daß die Gesellschaft in Frankfurt »ungleich schlechter« sei; denn, so schrieb er in einem Brief, »ich lebe als Einsiedler, ganz und gar nur mit meinen Studien und Arbeiten beschäftigt«.[9] Wenige Jahre später wurde er noch deutlicher bei seiner Sicht auf die Frankfurter Bürger: »Es ist eine kleine, steife, innerlich rohe Muncipal-aufgeblasene, bauernstolze Abderiten-Nation, der ich mich nicht gern nähere.«[10]

So wie Schopenhauer dagegen protestierte, als Berliner zu gelten, so hätte er sich sicher gegen eine Vereinnahmung als Frankfurter gewandt, obwohl er die meiste Zeit seines Lebens in dieser Stadt verbrachte. Die Stadt stellte für ihn nur das passende Umfeld seiner selbstgestalteten Existenz dar. Durch seine finanzielle Situation unabhängig von Arbeit oder Geschäften, konnte er sich tatsächlich einen Lebensrhythmus aufbauen und gestalten, der ganz auf den Verfolg seiner philosophischen Interessen ausgerichtet war.

Der gewöhnliche Tagesablauf Schopenhauers vollzog sich über Jahre hinweg gleich: In den frühen Morgenstunden schrieb er zwei bis drei Stunden an seinen Manuskripten. Um diese Stunden, die er mit dem ihm Wichtigsten ausfüllte, baute er seinen Rhythmus. Dazu gehörten tägliche, ausgedehnte Spaziergänge — meist zwischen vier bis

---

9 Ebenda, S. 142.

10 Ebenda, S. 175.
1830 meinte der damals in Paris lebende Ludwig Börne über seine Vaterstadt: »Das arme Frankfurt sieht doch einer traurigen Zukunft entgegen. Seit funfzehn Jahren ist dort das Hauptquartier der Dummheit, und wenn diese einmal ihre Früchte trägt, wird es Frankfurt am ersten schmecken.« Ludwig Börne: Briefe aus Paris. In: Börnes Werke, Bd. 2, Weimar 1959, S. 49/50.

sechs Uhr nachmittags – in Begleitung seines Pudels. Pünktlich nahm er im »Englischen Hof« seine Mahlzeiten ein; um ein Uhr das Mittagessen, gegen acht Uhr abends das Abendbrot. Dazwischen fand er sich im Lesekabinett der Frankfurter Kasinogesellschaft ein, wo er vor allem englische Zeitungen zu lesen pflegte. Zum Tagespensum gehörte auch das regelmäßige Flötespielen. Und in der Saison besuchte er recht beständig das Frankfurter Theater.

In den ersten Jahren wohnte er, wie bisher überall, in möblierten Zimmern zur Untermiete. Erst 1843 bezog er an der »Schönen Aussicht« eine Wohnung, die er mit eigenen Möbeln ausstattete. Er hielt sich eine Haushälterin, ansonsten pflegte er bis Anfang der fünfziger Jahre keinen regelmäßigen Umgang mit Bekannten und empfing auch keine Besuche.

Aus einem umfänglichen Brief vom Dezember 1836, den er seinem französischen Jugendfreund Anthime Grégoire de Blésimaire schrieb und in dem er sein bisheriges Leben nachzeichnete, wurde sowohl eine gewisse Bilanz sichtbar als auch eine deutliche Bestimmung des angestrebten Ziels. Sich selbst beschrieb er hier so: »Meine Haare und mein Backenbart, das ist wahr, sind fast ganz weiß: Wirkung des Studiums und des Kummers; aber mein Gesicht ist jung, ohne Runzeln, rosig und frisch und ich habe (wie man sagt) sehr schöne Augen, leuchtend, von einem eigentümlichen Glanz, was ich als junger Mensch nicht hatte …«[11] Eine etwas andere Sicht auf das Äußere vermittelt Wilhelm Raabe in seiner Erzählung »Wunnigel«, in der er dem Regierungsrat Wunnigel die Züge des von ihm verehrten Schopenhauer gab: »Eine Fülle grauen, borstigen Haares bedeckte in abstehendem Wulst den, wie es schien,

11 Ebenda, S. 669.

sehr wohlgeformten Schädel des Fremdlings. Buschige Augenbrauen überhingen ein Paar recht scharfe graue Augen. Ein viereckiges Kinn, übel rasiert, in allerlei Tinten zwischen weiß, grau und blau spielend, erhob sich über eine Roßhaarkrawatte, welche letztere allein schon andeutete, daß der Mann aus einer Zeit herkam, die nicht mehr die unsrige genannt werden« konnte.

Sein Leben, so meinte Schopenhauer, sei ein fortgesetztes Studium gewesen, und die dabei geschöpften geistigen Reichtümer werte er höher als alle anderen. Sein einziges Ziel bestehe darin: »ich will mich anerkannt sehen, und vor allem will ich die 2. Auflage meiner Philosophie sehen, um ihr die Ergebnisse meines Nachdenkens seit 18 Jahren einzuverleiben; wenn das geschehen ist, bin ich bereit abzugehen«.[12]

Auf öffentliche Anerkennung mußte Schopenhauer noch über 15 Jahre warten. Auf eine zweite Auflage von »Die Welt als Wille und Vorstellung« konnte und wollte er nicht länger warten. Zu sehr drängte ihn das angehäufte Material; viele Ergänzungen und Erweiterungen erschienen ihm für sein System so wichtig, daß er alles unternahm, um diese zu publizieren.

Schopenhauer hatte seit 1819 nichts mehr veröffentlicht, wenn man das Erscheinen einer lateinischen Fassung seiner Schrift von 1816 »Über das Sehn und die Farben« im Jahre 1830 nicht mitrechnet. 1836 brach er nun sein Schweigen, um die kleine Schrift »Über den Willen in der Natur« zu veröffentlichen, die er im Untertitel erläuterte als »eine Erörterung der Bestätigungen, welche die Philosophie des Verfassers seit ihrem Auftreten durch die empirischen Wissenschaften erhalten hat«. Für Schopenhauer enthielt diese Arbeit den Kern und Hauptpunkt seiner Lehre; in-

---

12 Ebenda, S. 670.

sofern kommt ihr große Bedeutung zu.[13] Sie signalisierte allerdings nur die sich abzeichnende Veröffentlichung aller »Nachträge«, die Schopenhauer zu seinem System ausgearbeitet hatte. Von seinem Plan, eine große überarbeitete zweite Auflage des Buches »Die Welt als Wille und Vorstellung« herauszugeben, ließ er bald ab, sicher auch unter dem Eindruck der deprimierenden Nachricht des Verlegers Brockhaus, wonach der größte Teil der ersten Auflage von 800 Exemplaren nicht verkauft worden war und von ihm deshalb in den Jahren 1828 und 1830 – also zehn bis zwölf Jahre nach Erscheinen – größtenteils zu Makulatur gemacht worden sei. Statt dessen bemühte er sich nun darum, seine in den letzten Jahren aufgeschriebenen Positionen als eigenen zweiten Band erscheinen zu lassen.

Im Mai 1843 bot Schopenhauer dem Verleger Brockhaus einen solchen zweiten Band als das Beste an, was er je geschrieben habe. Auf eine sofortige Ablehnung des Verlegers antwortete er mit einem neuen Vorschlag: Er verzichtete darauf, mit dem zweiten Band den ersten Band neu herauszugeben, und verzichtete zugleich auf jedes Honorar. Nochmals unterstrich er, daß dieser zweite Band »die Koncentration und Quintessenz aller meiner während der letzten 24 Jahre niedergeschriebenen Gedanken enthält«.[14] Im Juni 1843 kam es zum Vertragsabschluß, in dem sich Brockhaus verpflichtete, nun doch beide Bände erscheinen

---

13 »In dieser kleinen Schrift ist der eigentliche Kern meiner Metaphysik deutlicher, als irgendwo, dargelegt, und sie ist besonders geeignet, die so nöthige Überzeugung hervorzubringen, daß das innere Wesen aller Dinge, mithin das allen Reale in der Welt, also das Ding an sich, eben jenes uns so Vertraute und doch so Geheimnißvolle ist, was wir in unserem Selbstbewußtseyn als den Willen finden und welcher vom Intellekt gänzlich verschieden ist ...« Arthur Schopenhauer: Gesammelte Briefe, S. 213.

14 Ebenda, S. 197.

zu lassen – mit je 500 bzw. 750 Exemplaren. Der Autor erhielt außer zehn Freiexemplaren kein weiteres Honorar. Im April 1844 wurden die letzten Revisionsbogen an den Verlag geschickt, im Mai hielt Schopenhauer seine Freiexemplare in der Hand.

Die Herausgabe der zentralen Arbeit »Die Welt als Wille und Vorstellung« in zwei Bänden stellte den qualitativ und quantitativ größten publizistischen Erfolg Schopenhauers dar. Es war jedoch nicht der einzige. Er hatte sich 1839 und 1840 mit Preisschriften an Ausschreibungen der Königlichen Norwegischen Gesellschaft der Wissenschaften zu Drontheim und der Königlichen Dänischen Gesellschaft der Wissenschaften zu Kopenhagen beteiligt. Dabei wurde die erstere, mit dem Titel »Über die Freiheit des menschlichen Willens«, ausgezeichnet, während die zweite, »Über das Fundament der Moral«, keine solche Anerkennung fand. Beide Arbeiten gab Schopenhauer 1840 unter dem Titel »Die beiden Grundprobleme der Ethik« in Frankfurt am Main heraus, wobei er die Vorrede zu einer heftigen Polemik mit der für ihn negativen Entscheidung der Dänischen Akademie nutzte.

Die Ruhe der ersten fünfzehn Jahre in Frankfurt bis 1848 zeitigten also wichtige Ergebnisse der konzentrierten philosophischen Arbeit Schopenhauers. In dieser Geruhsamkeit des äußeren Lebens ließ er sich auch nicht durch familiäre Querelen – seine Mutter enterbte ihn wiederholt, zuletzt 1837 – und tragische Ereignisse – die Mutter Johanna Schopenhauer starb am 17. April 1838 – stören. Die geistige Entwicklung verfolgte er wohl, beteiligte sich auch inhaltlich an der Diskussion zur Herausgabe der Kantschen Werke[15], blieb aber konsequent auf der Position

---

15 Vgl. dazu die umfänglichen Briefe Schopenhauers an Rosenkranz/Schubert vom 24. 8. 1837 und an Rosenkranz vom 25. 9. 1837. In: Ebenda, S. 165ff., S. 168ff.

des Außenstehenden, der *über* dem Streit stehend nur seine Ansicht kundtat. Politische Ereignisse seiner Zeit, auch wissenschaftspolitische Entwicklungen, wie zum Beispiel 1837 die Haltung der sieben Göttinger Professoren gegen den Verfassungsbruch des Königs Ernst August von Hannover wurden von ihm in keiner Weise reflektiert. Den neuen kritischen Geist des Vormärz schien er nicht wahrzunehmen. Je drängender die realen Probleme der Zeit hervortraten – man denke an den schlesischen Weberaufstand von 1844 –, je schneller sich geistige Veränderungen vollzogen – immerhin traten in dieser Zeit die Junghegelianer massiv und kritisch hervor, veröffentlichte Ludwig Feuerbach 1841 sein »Wesen des Christentums«, traten solche Antipoden wie Max Stirner und Wilhelm Weitling mit ihren Arbeiten auf –, um so konsequenter schien sich Schopenhauer seinem System und dessen Ausbau zuzuwenden. So ließ er 1847 eine zweite Auflage seiner Dissertationsschrift »Über die vierfache Wurzel des Satzes vom zureichenden Grunde« erscheinen.

Man gewinnt immer stärker den Eindruck, daß diese Zeit, in der sich revolutionäre Umbrüche von europäischer Dimension ankündigen, nicht Schopenhauers Zeit ist. Er lebte zwar nicht in einer anderen oder gar in einer Scheinwelt, denn er nahm sie sehr wohl wahr; doch er lebte und dachte wohl in einer anderen Zeit. Der Philosophiehistoriker Kuno Fischer meinte: »Der durchgängige Mangel, welcher Schopenhauers kritische Betrachtungsart anhaftet, … liegt in der fast gänzlichen Abwesenheit einer historischen Erkenntnis und Würdigung der Dinge.«[16]

---

16 Kuno Fischer: Schopenhauers Leben, Werke und Lehre, Heidelberg 1898 (2. Aufl.), S. 495.

Leid und Mitleid

Wenn man die Lebensweise Schopenhauers betrachtet, an seine Existenz als Sonderling denkt, daran, wie er sich dem gesellschaftlichen Kontakt geradezu verschloß, wenn man sich dazu noch an die Meinungsäußerungen über seine Frankfurter Mitbürger wie über die Menschen überhaupt erinnert und dazu sein Pessimismus-Konzept in Beziehung setzt, könnte man auf elitäre und individualistische Moralansichten schließen. Und tatsächlich finden wir solche Elemente im ethischen Denken Schopenhauers. Aber – und das erscheint auf den ersten Blick doch verblüffend – im Zentrum der moraltheoretischen Überlegungen des Philosophen steht die Kategorie, die man so weit vorn wohl kaum erwartet hätte: das *Mitleid.*

Die Ethik nimmt im Schaffen Schopenhauers einen wichtigen Platz ein. Während Erwägungen über Gesellschaft und Staat bei ihm eine untergeordnete Rolle spielen, drehen sich viele Gedankengänge des Philosophen um moralische Grundfragen, in denen seine gesellschaftstheoretischen Überlegungen ihren Ausdruck finden. Das beginnt in seinem Hauptwerk »Die Welt als Wille und Vorstellung«, konzentriert sich in seinen beiden Preisschriften über die Freiheit des Willens und über die Grundfrage der

Moral, die unter dem Titel »Die beiden Grundprobleme der Ethik« herauskamen, und das wurde schließlich ergänzt und ausgefüllt mit Aphorismen und kleinen Stücken in der zweibändigen Sammlung »Parerga und Paralipomena«.

Behandelt wurde ein breites Spektrum von Fragen: Leben und Tod, Notwendigkeit und Freiheit im Handeln, Gut und Böse, Triebe und Werte, Persönlichkeit und Charakter. Auch hier verstand sich Schopenhauer als Erbe und Vollender Kants. Die Ethik, eine das Leben unmittelbar betreffende Wissenschaft, befinde sich immer noch auf der Suche nach ihrem ersten Grundsatz, weshalb es an der Zeit sei, sie ernstlich ins Verhör zu nehmen. »Seit mehr als einem halben Jahrhundert liegt sie auf dem bequemen Ruhepolster, welches *Kant* ihr untergebreitet hatte: dem kategorischen Imperativ der praktischen Vernunft.«[1]

Eines der Ergebnisse dieses Verhörs durch Schopenhauer besteht darin, daß es auch in der Ethik Kants, wie in aller bisherigen Ethik, kein sicheres Fundament gebe, denn letztlich stelle sie nur eine Umkehrung der theologischen Moral dar, ja sie sei eine Vermummung derselben. Dagegen setzte Schopenhauer nun der Ethik das Ziel, die Handlungsweisen der Menschen zu deuten, zu erklären und auf ihren letzten Grund zurückzuführen. So verstanden, stellt sich Ethik als die »leichteste aller Wissenschaften« dar.[2] Man müsse nur die Haupt- und Grundtriebfedern menschlicher Handlungen aufdecken, um von dorther die Handlungen werten zu können.

Für Schopenhauer existieren lediglich drei solcher Triebfedern menschlichen Handelns:

---

1 Arthur Schopenhauer: Die beiden Grundprobleme der Ethik. In: Sämtliche Werke, Band III, S. 641.

2 Ebenda, S. 764.

»a) Egoismus, der das eigene Wohl will (ist grenzenlos).
b) Bosheit, die das fremde Wehe will (geht bis zur äußersten Grausamkeit).
c) Mitleid, welches das fremde Wohl will (geht bis zum Edelmut und zur Großmut).«[3]

Einen besonderen Platz nimmt der Egoismus als »Drang zum Dasein und Wohlsein«[4] ein, da er aus dem Willen zum Leben erwächst. Diesen Egoismus müsse die Moral also vor allem bekämpfen. Schopenhauer geht bis zu der zugespitzten Formulierung, daß die Abwesenheit aller egoistischen Motivationen *»das Kriterium einer Handlung von moralischem Wert«*[5] darstelle. Das führt ihn zu der Einschätzung, daß letzter Beweggrund menschlichen Handelns stets das eigene Wohl sei, mithin die Handlung egoistisch, also ohne moralischen Wert sei. Nur eine Ausnahme läßt er gelten: wenn nämlich das Wohl und Wehe eines anderen das Motiv meines Handelns bilde. Das aber sei nun im alltäglichen Leben in einem Falle nachweisbar, nämlich in Gestalt des Mitleids. »Dieses Mitleid ganz allein ist die wirkliche Basis aller *freien* Gerechtigkeit und aller *echten* Menschenliebe. Nur sofern eine Handlung aus ihm entsprungen ist, hat sie moralischen Wert: und jede aus irgendwelchen andern Motiven hervorgehende hat keinen.«[6]

Gerechtigkeit und Menschenliebe bilden danach jene zwei Kardinaltugenden, aus denen alle anderen hervorgehen. Sie selbst wurzeln im Mitleid und dieses Mitleid wiederum ist nicht weiter erklärbar; das sei vielmehr das

---

3 Ebenda, S. 742.
4 Ebenda, S. 727.
5 Ebenda, S. 736.
6 Ebenda, S. 740.

»große Mysterium der Ethik«[7], da Mitleid ursprünglich und unmittelbar in der menschlichen Natur liege.

Obwohl also damit eine weitere Erklärung abgeschnitten wird, weist Schopenhauer mehrfach darauf hin, daß dieses »natürliche« Mitleid in sehr direkter Beziehung zu seiner Auffassung vom Leid und vom menschlichen Leiden stehe. Mitleid versteht sich in diesem Sinne als Teilnahme am Leiden eines anderen, als Teilnahme auch an der Verhinderung oder Aufhebung des Leidens, worin letztlich alle Befriedigung, alles Wohlsein und Glück bestehe.

Folgt man dieser Überlegung und führt sie mit Konsequenz zu Ende, so ergeben sich erstaunliche Berührungspunkte zur christlichen Moral, die dem bekundeten Atheismus Schopenhauers doch eigentlich fernliegen müßten. »Die metaphysische Begründung der Moral, die der Überwindung des Egoismus und der Ermöglichung unegoistischen Mitleids dienen soll, ist ein Stück verlängertes Christentum, das in den Schopenhauerschen Atheismus hineinragt.«[8]

Das Leiden steht bekanntlich in Schopenhauers Weltbetrachtung hoch im Kurs. Leben wird als Leiden verstanden. Bezogen auf die Moral, erscheint das Leben als eine Art »Läuterungsprozeß, dessen reinigende Lauge der Schmerz ist. Ist der Prozeß vollbracht, so läßt er die ihm vorhergegangene Immoralität und Schlechtigkeit als

7 Ebenda, S. 741.
Auch in der gegenwärtigen Schopenhauerrezeption wird dieser Gedanke am Leben erhalten: »Schopenhauer betritt in der Moralphilosophie mit der metaphysischen Begründung unegoistischen Handelns ein geheimnisvolles Land«, schreibt Michael Fleitner. Michael Fleitner: Wider den Kult des Realen, Königstein 1984, S. 181.

8 Ebenda, S. 167.

Schlacke zurück ...«[9] Man kann also das Leiden nicht abschaffen, sondern muß es als wesentliche Bestimmung des Lebens anerkennen. Dann kann man aber auch nichts anderes dagegen tun als das eigene und fremde Leiden zu erkennen und zu lindern und sich selbst dabei zu läutern. Insofern man im fremden Leid das eigene Leiden wiederfindet und sich bemüht, es abzuschwächen, leidet man mit dem anderen. Wirklich »reine« Liebe ist für Schopenhauer daher ihrer Natur nach stets Mitleid: »... alle wahre und reine Liebe ist Mitleid, und jede Liebe, die nicht Mitleid ist, ist Selbstsucht.«[10]

Bei diesen Kernsätzen beläßt es Schopenhauer zur Charakteristik seiner ethischen Grundposition. Er weist in seinen Berliner Vorlesungsmanuskripten wiederholt darauf hin, daß er nur eine allgemeine Metaphysik der Sitten in Gestalt einiger Prinzipien zu geben bereit sei, die jeder für sich selbst in eine konkrete Ethik umwandeln könne, in Gebote und Pflichten, die er, Schopenhauer, mit Absicht nicht formuliert habe. Der entscheidende Leitfaden für eine *praktische* Morallehre, um die es ihm also nicht geht, besteht nach Schopenhauer in dem Satz: »Das fremde Individuum, das vor dir steht, *das bist du selbst* wirklich und in Wahrheit ...«[11]

Damit geht von den moralischen Ansichten Schopenhauers wenig Herausforderung und Anforderung an die Persönlichkeit, wenig Verpflichtung des Individuums gegen sich selbst und vor allem gegenüber der Gesellschaft aus.

---

9 Arthur Schopenhauer: Die Welt als Wille und Vorstellung II. In: Sämtliche Werke, Bd. II, S. 821.

10 Arthur Schopenhauer: Die Welt als Wille und Vorstellung I. In: Sämtliche Werke, Bd. I, S. 511.

11 Arthur Schopenhauer: Philosophische Vorlesungen. In: Arthur Schopenhauers sämtliche Werke, Zehnter Band, München 1913, S. 529.

Das kann auch gar nicht anders sein, bestimmt er doch den Charakter des Menschen als individuell, als empirisch, als konstant und als angeboren. Der Kernsatz *»Der Mensch ändert sich nie«*[12] hat seine Konsequenzen. Der angeborene Charakter stellt nach Schopenhauer den eigentlichen Kern des ganzen Menschen dar und damit auch den Keim aller seiner Tugenden und Laster. Letztlich wird dann auch die Welt aus dieser Sicht auf den Menschen faktisch aus dem Menschen heraus erklärt.

Diese Ansichten vom Individuum und seinem festgelegten Charakter, gepaart mit der Auffassung vom Leben als Leiden, prägten auch die späteren »Aphorismen zur Lebensweisheit«, in denen Schopenhauer doch mehr als in seinen früheren Arbeiten dazu überging, Ratschläge zur Lebensgestaltung zu formulieren. Aber es wurde auch sichtbar, daß seine Moralphilosophie mit dem Kernstück des Mitleids nur ein erster Schritt in Richtung der von ihm vorgeschlagenen Metaphysik der Sitten darstellte. Es ist die Kennzeichnung der moralischen Grundhaltung, die man bei der Masse der Menschen erstreben und erreichen könne. Doch der eigentliche Adressat, den Schopenhauer im Auge hatte, nämlich der herausgehobene, bevorzugte Mensch, war das Genie. Für diesen besonderen Menschentyp gilt ein moralisches Konzept, das über das Mitleidsdenken hinausreicht. »Vergleichen wir das Leben (mit) einer Kreislaufbahn aus glühenden Kohlen mit einigen kühlen Stellen, welche Bahn wir unablässig zu durchlaufen hätten; so tröstet den im Wahn Befangenen die kühle Stelle, auf der er jetzt eben steht oder die er nahe vor sich sieht, und er fährt fort, die Bahn zu durchlaufen. Jener aber, der, das principium individuationis durchschauend, das Wesen der

12 Arthur Schopenhauer: Die beiden Grundprobleme der Ethik. In: Sämtliche Werke, Bd. III, S. 570.

Dinge an sich und dadurch das Ganze erkennt, ist solchen Trostes nicht mehr empfänglich: er sieht sich an allen Stellen zugleich und tritt heraus. – Sein Wille wendet sich, bejaht nicht mehr sein eigenes sich in der Erscheinung spiegelndes Wesen, sondern verneint es. Das Phänomen, wodurch dieses sich kundgibt, ist der Übergang von der Tugend zur *Askesis.*«[13]

Das Vordringen zum Standpunkt der Askese nannte Schopenhauer selbst den Gipfelpunkt seiner Philosophie. Nachdem er den Willen als Ding an sich, als alles beherrschenden Ur-Trieb genügend begründet zu haben meinte, nachdem er daraus das Leben als Leiden abgeleitet hatte und demzufolge den Wert des Lebens darin sah, das Leben nicht zu wollen, endete der Bau der philosophischen Struktur in der Forderung nach Aufhebung, ja nach Verneinung des Willens zum Leben in der Askese. Dorthin aber könnten nur wenige Menschen vordringen; denn würde das allen gelingen, so käme das dem Untergang der Menschheit gleich. Denn nach Schopenhauer gilt als erster Schritt zur Askese die unbedingte Keuschheit, das heißt die Überwindung des Geschlechtstriebes. Nur wer den Geschlechtstrieb als »Kern des Willens zum Leben«, also die »Konzentration alles Wollens«[14] überwinden könne, gelange zur Negation des Willens.

Der hohe Stellenwert des Geschlechtstriebs resultiert aus der Behauptung, in ihm spreche sich die entschiedenste Bejahung des Willens in seiner reinsten Form aus. Deshalb kam Schopenhauer zu der Feststellung, daß die »Genitalien der eigentliche *Brennpunkt des Willens*« seien:

---

13 Arthur Schopenhauer: Die Welt als Wille und Vorstellung I. In: Sämtliche Werke, Bd. I, S. 516.

14 Arthur Schopenhauer: Die Welt als Wille und Vorstellung II. In: Sämtliche Werke, Bd. II, S. 656.

»Die Genitalien sind das lebenserhaltende, der Zeit endloses Leben zusichernde Princip: die Erkenntniß dagegen giebt die Möglichkeit der Aufhebung des Wollens, der Erlösung durch Freiheit, der Vernichtung der Welt.«[15]

Aber Askese bleibt nicht auf die Überwindung dieses Triebes beschränkt. Hinzu kommt eine absichtliche Armut, also eine Armut als Zweck an sich, sowie die freiwillige Auferlegung körperlicher Beschwerden und auch Schmerzen. Allerdings betonte Schopenhauer – und hat es in seiner eigenen Lebensgestaltung ja auch praktiziert –, daß die Askese bei ihm keine moralische Vorschrift, keine Soll-Vorgabe darstelle. Er versteht sie als ein ethisches Phänomen der menschlichen Natur, das er als Denker philosophisch zu beschreiben habe – nicht mehr. Er polemisierte geradezu gegen die mögliche Forderung, daß ein Philosoph dieser seiner Beschreibung nachleben müsse und so zum Heiligen werde. »Die Philosophie leistet weiter nichts«, schrieb er vorsichtig vorbauend, »als daß sie *das ganze Wesen der Welt* abstrakt, allgemein und deutlich *in Begriffen wiederholt,* um es so als reflektirtes Abbild der Welt in bleibenden und stets bereit liegenden Begriffen der Vernunft niederzulegen.«[16]

So bleibt Schopenhauer auf der Ebene einer allgemeinen ethischen Doktrin, der er jeden normativen, verpflichtenden Charakter absprechen möchte. Das kontemplative Herangehen wird gerade auf diesem Gebiet, das als »praktische Philosophie« meist das aktivistische Element des Philosophierens besonders hervorhebt, betont und geradezu provokatorisch hervorgekehrt. Einer der zeitgenössischen frühen Anhänger Schopenhauers, der in Mainz tätige Rich-

---

15 Arthur Schopenhauer: Philosophische Vorlesungen. In: Arthur Schopenhauers sämtliche Werke, Zehnter Band, S. 451.
16 Ebenda, S. 548.

ter Johann August Becker, schrieb ganz in diesem Sinne mit Bewunderung an den Meister: »Die *philosophische Erkenntniß* als eine bloß abstracte – ist nach Ihrer Lehre überhaupt nicht geeignet einen Einfluß auf das Handeln zu äußern ... bei demjenigen welchem die intensive Erkenntniß fehlt; Askese ist auch nicht der Weg zu dieser intuitiven Erkenntniß zu gelangen, ... – u. darum findet sich in Ihrer theoretischen Lehre kein Vorschlag zur praktischen Anwendung also auch kein Mangel an Consequenz in dieser gar nicht vorhandenen (praktischen) Richtung.«[17]

Man könnte nun meinen, daß Schopenhauers Mitleids-Ethik eine Hinwendung zur sozialen Sichtweise geradezu erzwingen müßte. Das erweist sich jedoch bei näherem Hinsehen als Irrtum, weil man damit die Ebene der »Metaphysik der Sitten«, auf der das Mitleidskonzept angesiedelt ist, verlassen müßte, um in die gesellschaftliche Realität, in die konkreten sozialen Beziehungen der Menschen »hinabzusteigen«, wozu Schopenhauer keinen Grund sieht. Das soziale Empfinden des Philosophen ist nicht sehr ausgeprägt; sein Wissen um die soziale Lage der Menschen und deren Ursachen schlägt, gemessen an den zeitgenössischen Ansichten und Positionen, nicht in entsprechende theoretische Aussagen um. Was er im Zeichen seiner Mitleidskonzeption aussagt, bezieht sich auf »die Menschen«; konkrete Ansichten zur sozialen Notlage, zu Konflikten und Kämpfen seiner Zeit, wie zum schlesischen Weberaufstand oder dem Aufstand der Lyoner Seidenweber, deren Kampfplatz Schopenhauer ja persönlich kennengelernt hatte, lassen sich kaum finden. Selbst dort, wo er einmal den Wider-

---

17 Johann August Becker an Arthur Schopenhauer vom 14. Mai 1854. In: Arthur Schopenhauer. Philosophie in Briefen. Hrsg. Angelika Hübscher/Michael Fleitner, Frankfurt a. M. 1989, S. 278.

spruch von Luxus und Armut zur Sprache bringt, hebt er sofort hervor, daß »die große Herde des Menschengeschlechts stets und überall notwendig der Führer, Leiter und Berater« bedürfe, daß das Volk als »ewig unmündiger Souverän« immer unter Vormundschaft stehen müsse[18], denn der »große Haufe« denke wenig, was sich durchaus als ein Vorzug erweise: »denn die große schwere Masse sich in so rascher Bewegung vorzustellen ist ein schrecklicher Gedanke, zumal wenn man dabei erwägt, was alles sie bei ihren Wendungen fortreißen und umstoßen würde.«[19]

Man spürt hier den direkten Bezug zu den Revolutionsereignissen in Frankreich. Die Furcht vor der handelnden Masse, das Frontmachen gegen die »Fabrikware« Mensch und das Betonen der aristokratischen Natur der Gesellschaft beruhen sowohl auf den unmittelbaren Erfahrungen der französischen Revolution wie auf dem tiefen Mißtrauen, das Schopenhauer dem Menschen entgegenbringt. Auch hier zeigt sich sein pessimistisches Grundanliegen. Der Mensch als vom Willen blind getriebenes Wesen erscheint als »prügelndes Tier«[20], als »moralisches und intellektuelles Ungeheuer«[21], als vorwiegend »defektes Exemplar der menschlichen Natur«[22]. Nur eine kleine Schar Auserwählter, die über Einsichten verfügt und zur Askese vordringt, sei tatsächlich wertvoll. Hier treten elitäre, aristokratische Ansichten deutlich hervor.

Sein Mitleid ist von einer anderen Welt, in der es in abstrakter Weise um das stete Ringen gegen das Leben als

---

18 Arthur Schopenhauer: Parerga und Paralipomena II. In: Sämtliche Werke, Bd. V, S. 293.

19 Ebenda, S. 76.

20 Arthur Schopenhauer: Parerga und Paralipomena I. In: Sämtliche Werke, Bd. IV, S. 459.

21 Ebenda, S. 464.

22 Ebenda, S. 512.

Leiden geht. Seine Beschwörung einer »reinen Liebe«, die ihrem Inhalt nach nur Mitleid sein kann, orientiert nicht auf die reale, konkrete Welt, auf die gesellschaftlichen Verhältnisse und Kämpfe seiner Zeit, nicht auf ein Eingreifen in das wirkliche Leben; diese Liebesethik ordnet sich in Wahrheit der pessimistischen Leidensorientierung unter. Wo Glück negativ im Sinne der jeweiligen Befriedigung eines Triebes – als Aufhebung eines Leidensdrucks – verstanden wird, ist kein Platz für Anschauungen, die dem Leben, der Gesellschaft, der Zukunft zugewandt sind.

Für die gesellschaftliche Dimension der Philosophie Schopenhauers ist also bestimmend, was wir hier von seiner Ethik kennengelernt haben. Reinhard Kühnl faßt sie wie folgt zusammen:

»– der Pessimismus in Hinsicht auf die Möglichkeiten der Vernunft für die Erkennbarkeit der Wirklichkeit und die Gestaltbarkeit von Geschichte und Gesellschaft;
– die Anthropologisierung und Ontologisierung der gesellschaftlichen Verhältnisse;
– die Erklärung des Egoismus zur unabänderlich den Menschen und die Natur bestimmenden Kraft;
– die Isolierung des Individuums, seines Willens und seiner Intuition gegenüber jeglicher gesellschaftlich-solidarischer Verantwortung;
– die Verachtung für alle unterdrückten Schichten und Klassen.«[23]

Der stets auf seine atheistische Grundhaltung bedachte Schopenhauer hatte sicher nicht unrecht, wenn er seine ethischen Ansichten selbst als eigentlich nur konsequente

---

23 Reinhard Kühnl: Die großen Fragen der Epoche und die Antwort Schopenhauers. In: Schopenhauer im Denken der Gegenwart. Hrsg. Volker Spierling, München 1987, S. 211.

christliche Morallehre kennzeichnete, da sie die Verwerflichkeit der Welt eingestehe und die Verneinung des Willens als Weg der Erlösung aus dieser Welt aufweise.[24] Damit zeigt sich aber auch, was wirklich an dieser Ethik ist, wie der sich so gewaltig gebärdende philosophische Ansatz – im Sinne einer übergreifenden Metaphysik der Sitten – eine Lebenshilfe hervorbringt, die aus der wirklichen Welt, aus der konkret-historischen menschlichen Gesellschaft hinausweist oder aber, im besten Falle, ein Hohelied auf die Einsamkeit des Denkens, der Künste, des Genies anstimmt. Die moralische Konsequenz, die sich daraus ableiten läßt – und genau das haben dann später auch Tausende Anhänger Schopenhauers getan –, heißt Weltverachtung und letztlich Menschenverachtung. Das Schopenhauersche Mitleid kann schwerlich zum sozialen Engagement führen, weil es ja letztlich ein Mit-Leiden am eigenen Leben ist, das als Leiden nie aufgehoben oder verändert werden kann. Ich kann mich dazu nur verhalten, ich kann aber nicht verändern, heißt die Maxime, die für Zeiten, in denen große Gruppen von Menschen von bisherigen oder aktuellen Entwicklungen enttäuscht worden sind, vielen sicher verlockend klingt. Von da aus ist es dann nur noch ein Schritt bis zu der Position, daß man dem unaufhebbaren Leid mit Gelassenheit, mit Resignation oder auch mit Zynismus gegenübertritt. Und all diese Varianten des Denkens und Verhaltens zeichneten spätere Schopenhauerianer denn auch aus. »Hier war ein Philosoph, der dem Leser seines Buches den Seelenfrieden anbot. Er wandte sich damit an den Einzelmenschen, der die Last des Alltags von sich abschütteln will, den Bürger in einer individualistischer werdenden Zeit, aber auch den Künstler, den Dich-

24 Arthur Schopenhauer: Parerga und Paralipomena II. In: Sämtliche Werke, Bd. V, S. 371.

ter, den Musiker.«[25] In diesem Sinne provoziert Schopenhauers Ethik auch heute wieder ein Nachdenken und auch einen nachdenklichen Widerspruch zur eigenen Lebensgestaltung.

---

25 Horst Althaus: Friedrich Nietzsche – eine bürgerliche Tragödie, München 1985, S. 74.

Geborgte Weisheiten

Als Schopenhauer 1851 seinen bis dahin entstandenen, für ihn theoretisch bedeutsamen und systematischen Werken einige »Nebenarbeiten« nachsandte, spürte er bereits, daß sein Denken zu wirken begann. »Parerga und Paralipomena« nannte er die zweibändige Sammlung, eben Nebenarbeiten und Nachgebliebenes. Es waren jedoch gerade diese »kleinen« philosophischen Schriften, diese »Ergänzungen zu den Ergänzungen«[1], die seinen Durchbruch in der Öffentlichkeit bewirkten. Allerdings benötigte er auch für sie mehrere Anläufe, um einen Verleger zu finden, der diese Produkte sechsjähriger intensiver Arbeit kostenlos herausbrachte. Brockhaus und Dieterich zeigten kein Interesse, obwohl Schopenhauer beteuerte, daß es sich hierbei um ein »sehr viel populäreres und sonach für ein größeres Publikum geeignetes Werk« handele, als die bisher von ihm erschienenen.[2] Erst durch Vermittlung seines frühen Anhängers Julius Frauenstädt wurde mit Adolph Wilhelm Hayn in Berlin ein Verleger gefunden, der 750 Exemplare

1 Arthur Schopenhauer: Parerga und Paralipomena I. In: Sämtliche Werke, Bd. IV, S. 596.

2 Arthur Schopenhauer: Gesammelte Briefe, S. 242.

einer ersten Auflage druckte, wofür der Autor 10 Freiexemplare erhielt.

Schopenhauer war sich bewußt, daß er sich hier auf andere Weise als bisher an das Publikum wandte; vor allem die »Aphorismen zur Lebensweisheit« im ersten Band der »Parerga und Paralipomena« hielt er für sehr populär. Daß er trotzdem Schwierigkeiten mit einem Verleger hatte, erklärte er mit dem Zeitgeist: Man stecke zu sehr in der Politik, um solche Gedanken richtig werten und fassen zu können.

Was Schopenhauer hier Aphorismen nannte – und wesentliche Teile auch des zweiten Bandes der »Parerga und Paralipomena« wurden in dieser Manier gestaltet –, sind eigentlich keine Aphorismen im klassischen Sinne: knappe, pointierte Gedanken. Der Aphorismus hat in der theoretischen Literatur ein wechselvolles Schicksal. Aphorismus, in der ursprünglichen Bedeutung soviel wie abgrenzen, kennzeichnet einen in wenige Sätze gefaßten Gedanken, einen möglichst treffenden und geistreichen Sinnesspruch. Neben Blütezeiten gab es Perioden, in denen er durch schwergewichtige Abhandlungen verdrängt wurde. Sein Gebiet ist vor allem die praktische Philosophie: Reflexionen zu moralischen und ästhetischen Dingen. Geradezu als Klassiker des Aphorismus gilt uns heute Georg Christoph Lichtenberg (1742–1799), meist ohne daß dabei beachtet wird: seine vielgelesenen und vielzitierten Aphorismen waren gar nicht für die Veröffentlichung bestimmt. Lichtenberg notierte sich seine Einfälle, Beobachtungen, Entwürfe und Anmerkungen in Arbeitsheften; das waren für ihn Vorarbeiten, die er in sein »Sudelbuch« eintrug. Erst seit Beginn unseres Jahrhunderts, nachdem Albert Leitzmann diese Notizen herausgegeben hat, sind uns die meisten dieser Hefte bekannt.

In der Philosophie hat Friedrich Nietzsche, der sich

selbst als den ersten bezeichnete, der unter den Deutschen Meister dieser Form sei, den Ehrgeiz entwickelt, »in zehn Sätzen zu sagen, was jeder andre in einem Buche sagt – was jeder andre in einem Buche *nicht* sagt …«[3] Er sah allerdings gerade in der aphoristischen Form eine bestimmte Schwierigkeit, nämlich, daß man diese Art des Schreibens nicht ernst genug nehme: »Ein Aphorismus, rechtschaffen geprägt und ausgegossen, ist damit, daß er abgelesen ist, noch nicht ›entziffert‹; vielmehr hat nun erst dessen *Auslegung* zu beginnen, zu der es einer Kunst der Auslegung bedarf.«[4]

Schopenhauer sah in dieser Form die Möglichkeit, einzelne Ansichten seiner Philosophie populär darzubieten, ohne stets das gesamte System entwickeln zu müssen. Zwar wandte er sich auch mit dieser »kleineren« Form zunächst an den Leser, der seine »zusammenhängenden und inhaltsschweren Werke« kannte, doch meinte er, daß auch anderen das hier Gebotene durchaus genießbar sei, handele es sich doch um verschiedenste Themen und vereinzelte Gedanken über mannigfaltige Gegenstände.[5]

Selbst dort, wo Schopenhauer den Begriff des Aphorismus direkt verwandte, waren seine Abhandlungen häufig kleine Artikel oder Essays in der Art des französischen Moralisten Michel de Montaigne (1533–1592). Der Aphorismus als knappe, pointierte Position, als geschliffen ausformulierter Gedanke, auch als geistige Provokation tritt vor allem im zweiten Band der »Parerga und Paralipomena« auf. Insgesamt hat jedoch der Aphorismus nicht

3 Friedrich Nietzsche: Götzen-Dämmerung. In: Werke, Bd. III, Frankfurt a. M. 1972, S. 1026.

4 Friedrich Nietzsche: Zur Genealogie der Moral. In: Ebenda, S. 770.

5 Vgl. Arthur Schopenhauer: Parerga und Paralipomena I. In: Sämtliche Werke, Bd. IV, S. 7.

eine derart konstitutive Funktion für Schopenhauers Philosophieren, wie das durch den Verbreitungsgrad seiner »Aphorismen zur Lebensweisheit« erwartet werden könnte, schon gar nicht eine solche zentrale Stellung, wie das dann bei Nietzsche der Fall war.

Allerdings zeigt Schopenhauer in seinem gesamten Schaffen eine Vorliebe für knappe Belege, für Zitate anderer Denker, die seine Ansichten bestätigen, für Aussagen, die sich als moralische und ästhetische Orientierungen nutzen ließen. Ganz im Verständnis seiner eigenen Haltung zur Moraltheorie ging es ihm dabei vor allem um die metaphysische Begründung des sittlichen Handelns. Direkte moralische Hinweise könne man zwar geben, aber sie nützten nicht allzuviel. Mit dem ihm eigenen Pessimismus schrieb er: »Im allgemeinen freilich haben die Weisen aller Zeiten immer dasselbe gesagt, und die Toren, d. h. die unermeßliche Majorität aller Zeiten, haben immer dasselbe, nämlich das Gegenteil getan: und so wird es denn auch ferner bleiben.«[6]

In dieser Form der meist kommentarlos mitgeteilten »Weisheit« hat Schopenhauer auch eine Möglichkeit gesehen, solche Ansichten zu übermitteln, die ihm selbst sehr zusagten, die er bei anderen Autoren in wenig bekannten Quellen für sich entdeckt hatte. Dabei schmückte er sich keineswegs einfach mit fremden Federn; in der Regel wies er die Herkunft solcher Gedanken exakt aus. Aber es blieb natürlich nicht aus, daß er seine eigene Ideenwelt in seine Quellen und Belege einbrachte, und was wie eine stilistische Variante aussah, hatte letztlich inhaltliche Auswirkungen.

Eine Quelle, aus der in dieser Hinsicht reichhaltiger Nachschub kam, bildete die indische Mythologie und Phi-

---

6 Ebenda, S. 376.

losophie. Bereits in der Vorrede zu »Die Welt als Wille und Vorstellung« wies Schopenhauer der Sanskrit-Literatur einen überaus bedeutsamen Platz — nicht nur in seinem Werk — zu, wenn er meinte, sie könne einen ähnlichen Einfluß auf das geistige Leben im 19. Jahrhundert gewinnen wie die griechische Literatur im 15. Jahrhundert.[7] Auf jeden Fall entnahm Schopenhauer der ihm bekannten Literatur — den damaligen Übersetzungen der Upanisaden — viele Aussagen und Begründungen für sein eigenes Denksystem, vor allem auch für seinen Pessimismus.

Allerdings kann von einer philosophisch-theoretischen Bearbeitung, gar von einer philosophiehistorischen Aufarbeitung des indischen Denkens keine Rede sein. Sicher signalisierte Schopenhauer eine allgemeine Hinwendung zum indischen Denken in seiner Zeit. Aber bei ihm handelte es sich nicht um ein Erschließen dieser Ideen aus ihrem Umfeld, ihrer Entwicklung, ihrer eigenen Geschichtlichkeit heraus. Vielmehr nahm er die Ansichten und Aussagen als aktuellen Beleg für eine außerhistorische, allgemeine Erkenntnis, Wahrheit oder auch moralische Lehre. In dieser Weise stellte die indische Gedankenwelt — stets mit der Einschränkung: soweit sie zur damaligen Zeit in Übersetzungen bekannt war — inhaltliche Bezugspunkte für das Denkgebäude Schopenhauers dar.

Untersuchungen zu Schopenhauers Umgang mit den Upanisaden belegen das. So hebt zum Beispiel Wilhelm Halbfass hervor, daß neben dem für die Idee der Verneinung bedeutsamen »nirvana« vor allem der Begriff des »brahman« für Schopenhauers Willensmetaphysik bedeutungsvoll war.[8] Schopenhauer löste also die ihm zusagen-

7 Arthur Schopenhauer: Die Welt als Wille und Vorstellung I. In: Sämtliche Werke, Bd. I, S. 11.

8 Vgl. Wilhelm Halbfass: Schopenhauer im Gespräch mit der indischen Tradition. In: Schopenhauer im Denken der Gegenwart, S. 64.

den, für ihn brauchbaren Positionen, Bilder und Kategorien des indischen Denkens von ihrem Unter- und Hintergrund ab; diese Schicht baute er sodann in sein System ein, wobei er sie gleichberechtigt mit anderen Ansichten und ohne weitergehende Erklärungen nutzte. Man kann also schwerlich behaupten, daß Schopenhauer *das* indische mythische und philosophische Erbe einbrachte, nicht einmal die Upanisaden in ihrer Gesamtheit wurden von ihm so behandelt. Vielmehr floß ihm hier etwas zu – beinahe zufällig, da die ersten größeren Übersetzungen in dieser Zeit begannen, noch dazu durch Wissenschaftler, die ihm aus dem Kreis um seine Mutter in Weimar bekannt waren, wie der Orientalist Friedrich Majer. Natürlich unterstützte er auf diese Weise wiederum die verstärkte Hinwendung zum indischen, überhaupt zum asiatischen, vor allem auch buddhistischen Denken, wie es im 19. Jahrhundert in Europa dann bald zu einer Art Mode wurde. Dabei spielte die hohe Wertschätzung Schopenhauers für die Upanisaden als »größtes Geschenk dieses Jahrhunderts«[9] eine sehr positive Rolle, wandte er sich mit dieser Anerkennung einer »Urweisheit des Menschengeschlechts« doch zugleich pronociert gegen die damalige kolonialistische Indienpolitik. »Hingegen strömt indische Weisheit nach Europa zurück und wird eine Grundveränderung in unserem Wissen und Denken hervorbringen.«[10]

Die Übernahme und Einarbeitung von Elementen der indischen Gedankenwelt mit ihrer jahrtausendealten Tradition ist ein komplizierter Prozeß, der sicher nicht in der Manier Schopenhauers bewältigt werden kann. Wenn Klaus Mylius in seiner informativen Geschichte der Litera-

---

9 Vgl. Arthur Schopenhauer: Die Welt als Wille und Vorstellung I. In: Ebenda, S. 485.

10 Ebenda, S. 487.

tur im alten Indien schreibt, daß ohne ihre indischen Quellen die Philosophie Schopenhauers nicht denkbar gewesen wäre[11], dann kann man diesem Gedanken zustimmen, sollte ihn aber auch in Frage stellen. Denn natürlich machen die Positionen, die Schopenhauer aus den Upanisaden aufnimmt, einen spezifischen, insofern auch unverwechselbaren Zug seines Philosophierens aus; aber dessen Qualität, dessen wesentliche Grundfigur wird davon kaum bestimmt. Es bleiben – *im System* der Philosophie von Schopenhauer betrachtet – stets *geborgte Weisheiten.*

Eine andere wichtige Quelle benannte Schopenhauer selbst wiederholt und mit Nachdruck: es war der spanische Jesuit Baltasar Gracian (1601–1658). Um ihn zu lesen, betrieb er seit 1825 spanische Sprachstudien und war so fähig, alle Werke Gracians zur Kenntnis zu nehmen. 1832 schrieb er an Johann Georg Keil, daß Gracian sein Lieblingsschriftsteller sei und dessen »Criticon« ihm »eines der liebsten Bücher auf der Welt«.[12] Eine Übersetzung von Gracians »Oraculo manual y arte de prudencia«, die Schopenhauer in dieser Zeit anfertigte, erschien 1862 erstmals unter dem Titel »Balthasars Hand-Orakel und Kunst der Weltklugheit« und erlebte seither mehr als 40 Neuauflagen.

Balthasar Gracian war ein äußerst produktiver Schriftsteller, der von der geistigen Elite seiner Zeit hochgeschätzt wurde. Sein Hauptwerk »Criticon«, dessen drei Teile in den Jahren zwischen 1651 bis 1657 erschienen, aber auch »El Heroe« (1637) und »El Discreto« (1646) sind Bücher, in denen die Lebensweise, vor allem die Moral seiner Zeit dargestellt wurden.[13] Das theoretische Interesse Gracians galt

11 Vgl. Klaus Mylius: Geschichte der Literatur im alten Indien, Leipzig 1983, S. 467.

12 Vgl. Arthur Schopenhauer: Gesammelte Briefe, S. 131.

13 Vgl. Werner Krauss: Gracian. Werk und Leben. In: Die Innenseite der Weltgeschichte, Leipzig 1983.

vor allem dem Ingenium, worunter er ein spezifisch menschliches Vermögen begriff, das das Fundament des Kognitiven, des Ästhetischen und des praktisch Moralischen darstelle. Nach Gracian umfaßt dieses Ingenium gerade das, was die Vernunft zurückweist oder was sich deren Gesetzen entzieht. Das Ingenium bildet nach Gracian zusammen mit der Neugier und dem Scharfsinn die Krone der menschlichen Fähigkeiten. Nach Ansicht von Gracian-Forschern ist es sehr kompliziert, solche Kategorien im Denken dieses Theoretikers wie »ingenio«, »concept« oder »agudeza« adäquat zu übersetzen. Schopenhauer jedenfalls habe das Ingenium-Denken bei Gracian keineswegs verstanden. Indem er es als rational zu interpretieren versuchte, traf er nicht das Wesentliche dieses Begriffs, ja man müsse von einer Verfälschung sprechen, wenn Ingenium als »Verstand« aufgefaßt werde und damit die Besonderheit des »Scharfsinns der Handlung« verdeckt bleibe. Mit Nachdruck verficht Emilio Hidalgo-Serna die Position, daß die Übertragung des »Handorakels« ein Werk Schopenhauerschen Denkens darstelle und nicht in das originale Denken Gracians eindringe.[14]

Wir haben es hier mit einer ähnlichen Herangehensweise wie bei den indischen Quellen zu tun: Schopenhauers theoretische Bemühungen gingen nicht in die Richtung, die aufgedeckte, ihn ansprechende Position so gründlich wie möglich zu erfassen, zu erforschen, zu erkennen, ihre Originalität zu bestimmen und von dorther ins eigene Denken einzubeziehen. Vielmehr nutzte er das Material in seinem Sinne, für seine Überlegungen: er fügte es seinem System hinzu, ohne vorher tatsächlich bis zur Antwort

14 Vgl. Emilio Hidalgo-Serna: Das ingeniöse Denken bei Balthasar Gracian. Der ›concepto‹ und seine logische Funktion, München 1985, S. 37.

nach einer Identität oder gemeinsamen Wurzel der Ansichten vorzudringen. So fand er zum Beispiel viele Aphorismen bei Gracian, die er seiner pessimistischen Sicht zuschlagen konnte: »Wer dich nicht kennt, o Leben, der mag dich schätzen« oder »Glücklich du, der du unter Raubtieren, und wehe mir, der ich unter Menschen aufwuchs«, heißt es beispielsweise im »Criticon«.[15] Aber das Moralkonzept und die weltanschauliche Grundhaltung des Gracian wurde damit keineswegs widergespiegelt.

Nun könnte man Schopenhauer in bezug auf solche Quellen seines Denkens wie die Upanisaden oder Gracian einfach des Eklektizismus bezichtigen. Nur würde man damit wiederum nicht der Vorgehensweise und dem Denkstil des Philosophen gerecht. Schopenhauers Philosophie ist nicht durch das Zusammenfügen unterschiedlicher Ansichten – ein wenig Kant, ein wenig Berkeley, ein wenig Gracian usw. – entstanden; sein häufig beschworener philosophischer Bau ist weder eine Müllkippe von Ansichten noch eine Halde, auf die prinzipienlos immer neues Gestein gebracht wird. Dieser Bau ist vielmehr von der einmal erkannten, überdachten und auch überprüften Grundkonzeption, einer Art erster und grundlegender Idee, ausgegangen, eben von der Einsicht, daß die Welt Wille und Vorstellung sei. Alles Baumaterial, das sich dafür anbot, wurde verwendet. Und indem es eingefügt wurde in diesen Bau, in das eigene System, verlor es seine Eigenständigkeit, die ihm wesentliche Bedeutung, sofern diese als eigene Qualität überhaupt gesehen worden war.

Für die Wirkung Schopenhauers noch zu seinen Lebzeiten und dann seit den sechziger Jahren des 19. Jahrhunderts hatten gerade diese »geborgten« Weisheiten eine spezifische Bedeutung. Sie gestatteten dem Leser die kleinen,

---

15 Zit. ebenda, S. 43, S. 78.

überschaubaren Denk-Schritte in das große Gebäude des philosophischen Systems. Man mußte auch nicht unbedingt das Ganze in den Blick nehmen. Und es gehörte zum geistigen Klima, mit allgemeinmenschlichen Sentenzen, mit zeitlos erscheinenden moralischen Sentenzen über Zeit und Welt zu meditieren, sie zu schmähen, zu feiern oder zu kritisieren. Es war die Unverbindlichkeit des kontemplativen Standpunkts, die Schopenhauer und seine Weisheiten so anziehend machte.

Musik – Ausdruck des Willens

Wo immer Schopenhauer über Kunst nachdachte – und er handelte sehr häufig über dieses Thema und wußte viel Zutreffendes zu sagen –, muß man sich darüber im klaren sein, daß hier ein Philosoph spricht, der darum bemüht ist, die ästhetische Dimension seines philosophischen Systems auszuschreiten. Schopenhauer ging davon aus, daß das Objekt der Kunst weder das einzelne Ding noch der Begriff sei, sondern allein eine Idee im Sinne Platos. Von der Kunst sagte er unmißverständlich: »Ihr einziger Ursprung ist die Erkenntnis der Ideen; ihr einziges Ziel Mitteilung dieser Erkenntnis.«[1]

Ideen sind bei Plato die allgemeinen Begriffe, die unveränderlich, sich selbst stets gleich bleiben, Ursache und Wesen der Dinge, ihre Qualität bestimmen und auch das Ziel angeben, wonach alles strebt. In Platos Verständnis existieren demnach zwei Welten: die Welt der Ideen – und das ist das wahre Sein – und die Welt der wahrnehmbaren Dinge. Die Welt der Ideen gilt Plato als primär, sie enthält in Gestalt der Ideen die Ur- und Musterbilder der mate-

1 Arthur Schopenhauer: Die Welt als Wille und Vorstellung I. In: Sämtliche Werke, Bd. I, S. 265.

riellen Dinge, die also nur Abbilder, Nachahmungen der Ideen darstellen.

Für Schopenhauer hat die Kunst nun die Aufgabe, die Ideen zu erkennen und mitzuteilen: »Sie wiederholt die durch reine Kontemplation aufgefaßten ewigen Ideen, das Wesentliche und Bleibende aller Erscheinungen der Welt, und je nachdem der Stoff ist, in welchem sie wiederholt, ist sie bildende Kunst, Poesie oder Musik.«[2] Damit wies Schopenhauer der Kunst einen bevorzugten Platz zu, ist es ihr doch vergönnt, zu den Urbildern des Seins vorzudringen. In der Darstellung seiner ästhetischen Ansichten gelangte er — von diesem Ausgangspunkt her — zu vielen tiefen Einsichten in das künstlerische Schaffen, in Wesenszüge der einzelnen Kunstgattungen, Bestimmungen des Schönen, des Erhabenen sowie in die Wechselbeziehungen der Künste. Vom ersten Band seines Werkes »Die Welt als Wille und Vorstellung« — und hier vor allem das dritte Buch — über die Ergänzungen dazu im Zweiten Band bis zu den vereinzelten Betrachtungen in »Parerga und Paralipomena« entwickelte Schopenhauer seine »Metaphysik des Schönen«, die bis heute nicht nur lesenswerte Positionen, sondern nach wie vor einzulösende Forderungen an die Kunst enthält. Johannes Volkelt nannte Schopenhauers Ästhetik »eine Schöpfung erhabenen Stils« und hob ihr »machtvoll einheitliches Gepräge« hervor: »Schopenhauer gehört jener großen philosophischen Strömung an, die in der Kunst einen Gipfel menschlichen Daseins anerkennt, sie als eine das Menschliche steigernde und befreiende Macht verehrt.«[3] In dieser Hochachtung vor der Kunst und dem entsprechenden theoretischen Umgang mit ihr liegt

2 Ebenda.

3 Johannes Volkelt: Arthur Schopenhauer. Seine Persönlichkeit, seine Lehre, sein Glaube, Stuttgart 1923, S. 300.

ganz sicher eine Ursache dafür, daß Schopenhauer anregend und herausfordernd auf so viele Schriftsteller, Maler und Musiker gewirkt hat.

Eine besondere Beziehung entwickelte Schopenhauer zur Musik. Es ist bekannt, daß er bereits in jungen Jahren das Flötenspielen erlernte und seither regelmäßig betrieb. »Ich spiele noch meine Flöte wie einst«, schrieb er 1836 an seinen französischen Jugendfreund Anthime[4] und hielt es auch noch 1856 in einem Brief an Frauenstädt für mitteilenswert, daß er fast täglich seine Flöte blase.[5] Hinzu kam seine Vorliebe fürs Theater und hier besonders für die Oper. Allerdings läßt sich aus diesen persönlichen aktiven Beziehungen keineswegs das theoretische Interesse an der Musik ableiten, zumal der Philosoph wohl nie über die Fertigkeiten eines für den Hausgebrauch spielenden Laien hinauskam und auch keine tieferen musiktheoretischen Kenntnisse besaß.

Worum es ihm vor allem ging, war die Bestimmung einer gewissen Ordnung und Hierarchie der Künste. Dabei sollte das entscheidende Kriterium für die Gestaltung einer solchen Ordnung die jeweilige niedrigere oder höhere Stufe der »Objektivation des Willens« sein. In einer so bestimmten Hierarchie steht die Architektur auf der niedrigsten, die Tragödie auf der höchsten Stufe. Für die Musik allerdings fand Schopenhauer in diesem System keinen Platz. Man könne in ihr schwerlich die Nachbildung oder Wiederholung einer Idee erkennen, und doch sei sie eine große und herrliche Kunst, wirke mächtig auf den Menschen ein und werde tief von ihm verstanden. Doch der Vergleichspunkt zwischen der Musik und der Welt liege tief verborgen. Daraus ergab sich für Schopenhauer eine

4 Arthur Schopenhauer: Gesammelte Briefe, S. 672.

5 Vgl. ebenda, S. 386.

verblüffende Konsequenz. Alle anderen Künste objektivieren den Willen mittels der Platoschen Idee, allein die Musik übergeht die Ideen und ist so auch ganz unabhängig von der Welt der Erscheinungen: »Die Musik ist also keineswegs gleich den anderen Künsten das Abbild der Ideen; sondern *Abbild des Willens selbst,* dessen Objektivität auch die Ideen sind: deshalb eben ist die Wirkung der Musik so sehr viel mächtiger und eindringlicher als die der anderen Künste: denn diese reden nur vom Schatten, sie aber vom Wesen.«[6]

Aus dieser Wertschätzung der Musik vor allen anderen Künsten und der Begründung ihrer Sonderstellung ergeben sich einige — in dieser Konsequenz und zugespitzten Form — wohl kaum haltbare Schlußfolgerungen. So offenbart der Komponist nach Schopenhauer das innerste Wesen der Welt und spricht die tiefste Weisheit aus, jedoch in einer Sprache, die seine eigene Vernunft nicht verstehe. Musik drücke »nur die Quintessenz des Lebens und seiner Vorgänge aus, nie diese selbst«,[7] woraus schließlich abgeleitet wird, daß die Musik alle Regungen unseres innersten Wesens wiedergeben könne, aber »ganz ohne die Wirklichkeit und fern von ihrer Qual«.[8]

Mit besonderer Konsequenz trieb Schopenhauer dieses Herangehen bis zum direkten Vergleich von Musik und Philosophie. So wie die Musik in höchst allgemeiner Sprache das innere Wesen der Welt durch Töne deutlich mache, so spreche die Philosophie das Wesen der Welt in allgemeinsten Begriffen aus. In Anspielung auf Leibniz, der in der Musik eine unbewußte Übung in Arithmetik gesehen hatte, bei der der Geist nicht wisse, daß er zähle,

---

6 Arthur Schopenhauer: Die Welt als Wille und Vorstellung I, S. 359.

7 Ebenda, S. 365. *8* Ebenda, S. 368.

meinte Schopenhauer: »Die Musik ist eine unbewußte Übung in der Metaphysik, bei der der Geist nicht weiß, daß er philosophiert.«[9]

Die Mehrzahl jener Autoren, die sich mit Schopenhauers Musikphilosophie näher befaßt haben, sieht in diesem Konzept eine Überhöhung und Übertreibung, eine Einseitigkeit und Selbsttäuschung. Bei aller Wertschätzung, die beispielsweise Paul Moos in seiner umfangreichen »Philosophie der Musik« Schopenhauers Ansichten beimißt, kommt er doch zu dem scharfen Urteil: »Schopenhauers Metaphysik der Musik ruht … auf einer dreifach falschen Voraussetzung: weder stehen zwischen Ding an sich und Erscheinung die Ideen, noch überspringt die Musik die Idee, noch hat sie die Möglichkeit, dem Ansich der Welt näher zu kommen als die anderen Künste.«[10] Auch gibt es — gerade bei Moos — einige Hinweise darauf, daß die musikphilosophischen Ansichten von Schopenhauer und Hegel »nah verwandt« seien[11], auch wenn sie in den jeweiligen theoretischen Systemen eine recht unterschiedliche Begründung erhielten und verschiedenartige Plätze einnähmen.

»Die *Musik* ist die wahre allgemeine Sprache, die man überall versteht«, betonte Schopenhauer, um daran die Ansicht zu knüpfen, daß sie vor allem zum Herzen spreche, während sie dem Kopf unmittelbar nichts zu sagen habe; es gehe um den Ausdruck der Leidenschaften.[12] Von dorther wird die Melodie in der Instrumentalmusik besonders hoch gewertet, während die Verbindung zum Text — so in der Oper — oder gar eine »malende« Musik kritisch angese-

9 Ebenda, S. 369.

10 Paul Moos: Die Philosophie der Musik, Berlin/Leipzig 1922 (2. Aufl.), S. 162.

11 Vgl. ebenda, S. 153.

12 Arthur Schopenhauer: Parerga und Paralipomena II. In: Sämtliche Werke, Bd. V, S. 507.

hen wird. Die Symphonie erscheint als eine Art »schönster Tummelplatz« der Musik: In einer Beethovenschen Sinfonie werde dem Hörer die größte Verwirrung gezeigt, welcher jedoch die vollkommenste Ordnung zugrunde liege, »ein treues und vollkommenes Abbild des Wesens der Welt, welche dahinrollt im unübersehbaren Gewirre zahlloser Gestalten und durch stete Zerstörung sich selbst erhält. Zugleich nun aber sprechen aus dieser Symphonie alle menschlichen Leidenschaften und Affekte: die Freude, die Trauer, die Liebe, der Haß, der Schrecken, die Hoffnung usw. in zahllosen Nuancen, jedoch alle gleichsam nur in abstracto und ohne alle Besonderung: es ist ihre bloße Form ohne den Stoff wie eine bloße Geisterwelt ohne Materie.«[13]

Musik stellt nach Schopenhauer die Sprache des Gefühls und der Leidenschaft dar, aber nicht in ihrer konkreten Gestalt, sondern als etwas Unbestimmtes, aber eben doch Wesentliches; es geht ihr nicht darum, die eine oder andere Freude, diese Betrübnis oder jenen Schmerz darzustellen, »sondern *die* Freude, *die* Betrübnis, *den* Schmerz, *das* Entsetzen, *den* Jubel, *die* Lustigkeit, *die* Gemütsruhe *selbst*, gewissermaßen in abstracto, das Wesentliche desselben ohne alles Beiwerk, also auch ohne die Motive dazu«.[14]

Das Bemühen Schopenhauers, das Wesen der Musik zu bestimmen, ist gepaart mit einer Reihe oberflächlicher, ja falscher Ansichten über die Harmonielehre, mit naiven Vergleichen zwischen den menschlichen Stimmlagen und den Naturbereichen und mit einigen einseitigen Urteilen gegen Vokalmusik, Oper und Ballett. Schopenhauer war eben kein Musiktheoretiker, der über die Musik nachdachte, sondern er blieb auch auf diesem Gebiet ein Philo-

---

13 Arthur Schopenhauer: Die Welt als Wille und Vorstellung II. In: Sämtliche Werke, Bd. II, S. 577.

14 Arthur Schopenhauer: Die Welt als Wille und Vorstellung I. In: Sämtliche Werke, Bd. I, S. 364.

soph — allerdings mit einigen erstaunlich vereinfachten Vorstellungen. Diese traten in ihrer Wirkung jedoch zurück hinter das zentrale Anliegen, »den idealen Gehalt der Musik in seiner ganzen Tiefe und Bedeutung klarzulegen dadurch, daß er die Erkenntnis von der Unbewußtheit des musikalischen Schaffens und Verstehens wie von der Scheinhaftigkeit des musikalischen Gefühlsausdrucks in entscheidender Weise ausbaute und sicherte«.[15]

Eine gründliche Untersuchung, was Schopenhauer zu einer Philosophie der Musik beigetragen hat, steht noch aus, wie überhaupt die philosophische Sicht auf die Musik — von Hegel über Schopenhauer bis Adorno und Bloch — noch kaum als komplexe Problemstellung der Philosophiegeschichte und Ästhetik gleicherweise dargestellt und analysiert worden ist. Daß Schopenhauer mit seinen Bemühungen in die erste Reihe jener Denker gehört, die um das ästhetische Ergründen der Musik gerungen haben, ist unbestritten. Auf viele spätere Musiktheoretiker hat er prägend oder provozierend bzw. prägend *und* provozierend eingewirkt.

Noch bedeutsamer war jedoch seine direkte Wirkung auf praktizierende Musiker, vor allem natürlich auf Richard Wagner. Als dieser 1854 mit dem Denken Schopenhauers bekannt wurde, hatte das für sein musikalisches Schaffen wichtige Konsequenzen. Dabei übernahm Wagner nicht einfach die musiktheoretischen Positionen des verehrten Philosophen, sondern rezipierte »Die Welt als Wille und Vorstellung« insgesamt. Er fand darin eine Bestätigung seines eigenen Pessimismus und erinnerte sich noch 1877 in einem Brief, daß ihm Schopenhauers Philosophie anfänglich widerstand »und daß ich erst durch die tiefe Tragik der — mir und Schopenhauer gemeinsamen — Auffas-

---

15 Paul Moos: Die Philosophie der Musik, S. 164.

sung der Welt mächtig zu seinem Verständniß mich angewiesen fühlte«.[16]

Was die Musikphilosophie Schopenhauers betraf, so hat Wagner dazu in seiner Schrift über Beethoven im Jahre 1870 Position bezogen. Ihm imponierte an dieser Metaphysik der Musik vor allem die Feststellung, daß der Komponist wie ein Somnambule tiefste Weisheiten ausspreche, die seine Vernunft nicht erfassen könne, daß also das Bewußtsein des Musikers dem Inneren zugekehrt sei und daß das musikalische Kunstwerk auf das Wesen der Dinge orientiere. Auch das weltanschauliche Fundament des Pessimismus sagte Wagner zu; hieraus bezog er viele Impulse für sein eigenes musiktheoretisches Schaffen.

Es entbehrt nicht einer gewissen Ironie, daß der Musiker, der sich derart intensiv und engagiert mit seinem Werk befaßte, es annahm und aktiv in seiner Musikästhetik gestaltete, von Schopenhauer selbst nicht akzeptiert wurde. So freute er sich in einem Brief von 1854 darüber, daß seine Aussprüche »gegen den R. Wagner« sehr passend und mit großem Recht benutzt wurden.[17] Bald darauf erhielt er von Wagner den »Ring des Nibelungen« übersandt und wurde durch den Wagner-Schüler Robert von Hornstein darauf aufmerksam gemacht, daß Wagner eifrig seine Werke studiere.[18] Doch als Verehrer von Mozart und Ros-

---

16 Richard Wagner an Dr. Otto Eiser v. 29. Oktober 1877. In: Richard Wagner. Briefe 1830–1883. Hrsg. Werner Otto, Berlin 1986, S. 415.

17 Arthur Schopenhauer: Gesammelte Briefe, S. 343.

18 In einem Schreiben Richard Wagners an Schopenhauer vom November 1858 heißt es: »Sie einzig geben mir das Material der Begriffe, durch die meine Anschauung auf philosophischem Wege mitteilbar wird; und versuche ich, mich darüber deutlich zu machen, so geschieht es nur im Vertrauen auf das durch Sie Erlernte.« Richard Wagner: Briefe 1830–1883, S. 179.

sini und als Verfechter reiner Instrumentalmusik mit all den Vorbehalten gegen die Oper paßte Wagner nicht in das musikalische Konzept Schopenhauers. Außerdem hat er sicher auch zu wenig vom musikalischen Schaffen Wagners gekannt, um sich ein gründliches Urteil zu bilden.

Von Richard Wagners Zustimmung bis zur scharfen Polemik eines Ernst Bloch, der »jener grundfalschen Schopenhauerschen Definition von Musik als ›Wille überhaupt‹«[19] den Kampf ansagte, reicht seit ihrer Ausarbeitung die Auseinandersetzung um die Musikphilosophie Schopenhauers. Sowenig man dem Konzept im ganzen zustimmen kann, was selbst jenen seiner Anhänger schwerfällt, die Schopenhauers philosophisches System insgesamt anerkennen, sowenig man seine Musikästhetik einfach hinnehmen kann, so falsch und kurzschlüssig wäre es, die Herausforderungen zu übersehen, die gerade auch von diesen Ansichten ausgehen. Schopenhauers lakonischer Satz, wonach die Musik die Melodie sei, zu der die Welt den Text bilde, ist sicher überzogen. Aber die für die Musik wie für alle Kunst erhobene Forderung, daß allem Schönen die Einfachheit ein wesentliches Gesetz sei, enthält eine ästhetische Dimension, zu der Schopenhauer Beachtliches beizutragen hat – gerade im produktiven Streit mit ihm und seinen – zugegeben oft provozierenden – Übertreibungen.

---

19 Ernst Bloch: Geist der Utopie (Zweite Fassung von 1923). In: Ernst Bloch, Gesamtausgabe, Bd. 3, Frankfurt a. M. 1977, S. 132.

1848

Schopenhauers Leben vollzog sich zwischen Revolutionen, die die Welt erschüttert und verändert haben. Am Beginn stand die Große Französische Revolution von 1789, deren enorme Auswirkungen Schopenhauer in Frankreich selbst wie in Deutschland miterlebte. In ihre praktisch-politischen und auch ideologischen Auseinandersetzungen hat er sich aber nie hineinziehen lassen. Hierin war er so gar nicht Nachfolger Immanuel Kants, als welchen er sich doch verstand. Kant begrüßte die Revolution in Frankreich, diese Haltung steht in deutlichem Gegensatz zu dem Versuch Schopenhauers, über die Revolution hinweg an die Zeit und die Ideen vor der Revolution anzuknüpfen. In sein bestes Mannesalter, während seiner so gut wie gescheiterten Bemühungen um eine akademische Existenz und in seinen Entschluß hinein, sich als privatisierender Gelehrter zurückzuziehen, fielen die Ereignisse der Juli-Revolution von 1830 in Paris. Der weitgereiste Schopenhauer, in den Weltsprachen zu Hause und somit offen für viele aktuelle Informationen, bemerkte dieses Ereignis so gut wie gar nicht.

Schließlich, beim Übergang zum Alter, erlebte er hautnah die revolutionären Ereignisse der Jahre 1848 und 1849. Es waren ja nicht nur die scharfen Auseinandersetzungen in Paris, Wien und Berlin, die diese Revolution zu einem europäischen Ereignis machten. Es waren auch die neuen Dimensionen und die neuen Klassenkräfte, die sich artikulierten und 1848 ein spezifisches Gepräge gaben. Die erbitterten Straßenkämpfe im Februar 1848 in Paris lösten in ganz Europa Aktionen aus.

In Deutschland begannen die Unruhen in Baden, sodann Württemberg, Hessen, Thüringen, Sachsen und Bayern. Am 13. März erfaßte die Revolution Wien, am 18. März fanden bewaffnete Auseinandersetzungen in Berlin statt. Im Ergebnis der Revolution in Preußen kam es zu zwei Reihen von Resultaten, die – wie Friedrich Engels es bereits im Juni 1848 formulierte – notwendig auseinandergehen mußten: »Das Volk hatte gesiegt, es hatte sich Freiheiten entschieden demokratischer Natur erobert; aber die unmittelbare Herrschaft ging über, nicht in seine Hände, sondern in die der großen Bourgeoisie.«[1] Die unvollendete Revolution führte mit Konsequenz zum schnellen Erstarken der Konterrevolution.

In dieser Zeit schärfster Kämpfe in allen Teilen Deutschlands reagierte Schopenhauer auf die für ihn in solchen Zeiten und Fragen charakteristische Weise: »Erhebt sich der Sturm, so zieht man alle Segel ein«, schrieb er im Juli 1848 an Julius Frauenstädt. In diesem Brief wurde auch deutlich, daß die revolutionären Entwicklungen für ihn schlechte Nachrichten aus einer miserablen Welt bedeuteten. Die Märztage kennzeichnete er als »Schreckens-März«, in der er seine »März-Angst« ausgestanden habe, denn »... geistig habe ich diese 4 Monate schrecklich leiden müssen durch Angst und Sorge: alles Eigenthum, ja der ganze gesetzliche Zustand bedroht!«[2] Und als die bewaffneten

1 Friedrich Engels: Die Berliner Debatte über die Revolution. In: MEW, Bd. 5, S. 64.

2 Arthur Schopenhauer: Gesammelte Briefe, S. 231.

Kämpfe während der Septemberkrise 1848 in Frankfurt ihn direkt betrafen, insofern aus seinem Wohnhaus Regierungstruppen eine Barrikade erkunden wollten, da meldete er in einem Brief darüber: »Ich habe zuletzt den politischen Kampfplatz in meiner Ihnen wohlbekannten Studierstube gehabt, als welche von 20 Stockböhmen besetzt wurde, die von da aus auf die Barrikaden schießen wollten. Welche angenehme Diversion für einen Philosophen! Der Himmel befreie uns von aller Freiheit.«[3]

Die Aufständischen waren für ihn Schurken und Kanaillen, während das österreichische Militär als »werte Freunde« bezeichnet wurde; dem erkundenden Offizier schickte er eilig seinen »Operngucker«, damit er das »Pack hinter der Barrikade« besser erkennen könne.[4] Es ist interessant zu vergleichen, wie ein intellektueller Vertreter der Junghegelianer, Arnold Ruge (1802–1880), der sich zu dieser Zeit in Frankfurt aufhielt, diese Ereignisse in der Stadt mit ganz anderen Augen sah. Er schrieb am 22. September 1848 an seine Frau: »Die 200 Republikaner haben einen Heldenmut an den Tag gelegt, in dem die Zukunft des Volkes liegt. Sie waren verlassen von den Spießbürgern, verlassen von den Linken, verlassen vom Lande da draußen, und sie wußten das alles. Dennoch haben sie gefochten ...«[5]

Wenn Friedrich Engels in der »Neuen Rheinischen Zeitung« vom 20. September 1844 über den Aufstand in Frankfurt schrieb, daß die Frankfurter Spießbürger mit Eifer den Soldaten die Häuser öffneten,[6] dann bestätigte ein

---

3 Ebenda, S. 232.

4 Vgl. ebenda, S. 234.

5 Arnold Ruge aus Frankfurt an seine Frau, 22. Sept. 1848. In: Revolutionsbriefe 1848/1849. Hrsg. Rolf Weber, Leipzig 1973, S. 228.

6 Vgl. Friedrich Engels: Der Aufstand in Frankfurt. In: MEW, Bd. 5, S. 410.

Arthur Schopenhauer dies mit seiner Tat und auch seiner Rede darüber recht nachdrücklich.

Selbst die politisch-ideologischen Auseinandersetzungen, wie man sie in Frankfurt im Zusammenhang mit der in der Paulskirche tagenden Nationalversammlung erleben konnte, berührten Schopenhauer nicht, störten nur seine Ruhe, so bei seinen Mahlzeiten im »Englischen Hof«, wo er einmal Robert Blum begegnet sein soll, worauf er sofort seinen Platz gewechselt habe. Als bereits »alteingesessener« Frankfurter wäre es ihm sicher leichtgefallen, sich gründlich und vielseitig mit den Diskussionen, Fraktionen und Positionen der politischen Parteiungen von rechts bis links innerhalb der Nationalversammlung vertraut zu machen. Die 812 Abgeordneten trafen sich je nach politischem Standort in den verschiedenen Lokalen wie dem Augsburger Hof, der Westendhall oder dem Deutschen Hof, die Schopenhauer wohl bekannt sein mußten. Wenn es ihm schon nicht um politisches Engagement, aber wenigstens um einen politischen Beobachterposten gegangen wäre – Gelegenheit hätte er reichlich gehabt.

Statt dessen ging es ihm allein um Stillhalten.

Wie anders reagierte da Ludwig Feuerbach (1804–1872), der – ähnlich isoliert vom wissenschaftlich-akademischen Leben wie Schopenhauer, allerdings aus ganz anderen Gründen – nach Frankfurt gekommen war, um sich gründlich zu informieren. Feuerbach traf bereits im Juni 1848 folgende Einschätzung: »Es wird nicht eher Ruhe, es gibt nicht eher ein festes Regiment, bis an die Stelle der alten Bürokraten, der alten Minister und Beamten überhaupt, neue entschieden demokratisch oder republikanisch gesinnte, aus dem Volk selbst entsprungene Männer treten. Ist das mit Unheil verbunden – gut, ohne Unheil kommt man einmal in der Welt nicht zum Heile. Daß aber dieses Unheil kein solches sein wird, wie viele sich vorstellen, weil die Demokraten keine Räuberhorde sind, weil sie selbst in ihren untersten Schichten, den Arbeitern, viel vernünftigere Ansichten und menschlichere Grundsätze haben, als ihre Gegner ihnen aufbürden: das glaube ich aus eigner Beobachtung behaupten zu können.«[7]

Es ist schon bedeutsam, daß in den heißen Tagen revolutionärer und konterrevolutionärer Ereignisse zwei der namhaftesten Repräsentanten der deutschen Philosophie des 19. Jahrhunderts an einem Ort weilten, ohne zusammenzutreffen. Das zeigt, daß Lebenskreis und Lebenshaltung beider sich sehr unterschieden. Der vierundvierzigjährige Feuerbach kam aus seiner Einsamkeit in Bruckberg, wo er abgeschieden lebte, und fand in der turbulenten Frankfurter Gesellschaft sofort alte Freunde wie Christian Kapp und Arnold Ruge, aber auch neue Bekannte wie Ferdinand Freiligrath und Carl Vogt. Obwohl er selbst nicht aktiv wurde — sieht man einmal von seinen Heidelberger Vorlesungen ab, zu denen ihn Studenten eingeladen hatten —, erlebte er die Brisanz dieser Tage und setzte sich mit den Ereignissen geistig auseinander. Bei allen kontemplativen Zügen, die ihm dabei eigen sind, stand er doch geistig im politischen Leben seiner Zeit und bezog zumindest für sich Position zu den Ereignissen und zu den sie bewegenden Kräften.

Schopenhauer dagegen stand in jeder Hinsicht abseits. Er bezog in den Kämpfen dieser Tage keine neue Haltung, sondern bekräftigte lediglich seine Parteinahme für Monarchie und Ordnung, für Ruhe und Schutz des Eigentums. Und schließlich zog er 1850 daraus die Konsequenz, in seinem Testament die Opfer der Ereignisse von 1848/1849 zu bedenken, wohlgemerkt: die preußischen Soldaten. Den

7 Ludwig Feuerbach: Briefwechsel. Hrsg. Werner Schuffenhauer, Leipzig (1963), S. 221.

»Fonds zur Unterstützung der in den Aufruhr- und Empörungskämpfen der Jahre 1848 & 1849 für Aufrechterhaltung und Herstellung der gesetzlichen Ordnung in Deutschland invalide gewordenen Preußischen Soldaten wie auch der Hinterbliebenen solcher, die in jenen Kämpfen gefallen sind«, setzte er als Universalerben ein.

In den so unterschiedlichen Stellungnahmen und Verhaltensweisen von Ludwig Feuerbach und Arthur Schopenhauer – die sich in ihren Werken sehr wohl zur Kenntnis nahmen – kommen gegensätzliche weltanschauliche und politische Positionen zum Ausdruck, wie sie im deutschen Bürgertum des 19. Jahrhunderts existierten. Für den Demokraten Feuerbach gab es an der prinzipiellen Zustimmung zur notwendigen revolutionären Veränderung nichts zu deuteln. Daß er in der Haltung eines kritischen Zuschauers verblieb, hing wohl vor allem damit zusammen, daß er – wie er später schrieb – »an erfolg- und folglich kopflosen Unternehmungen keinen tätigen Anteil nehmen kann, ich aber schon am Anfang aller jener Bewegungen und Verhandlungen ihren Ausgang voraussah oder doch vorausempfand«.[8]

Schopenhauer dagegen war ein prinzipieller Gegner der Revolution und hing konservativen Grundpositionen an. Für ihn, der sich zu einer monarchistischen Ordnung bekannte und für den der sichere Schutz des Privateigentums, vor allem seines Geldes, entscheidendes Kriterium der gesellschaftlichen Verhältnisse darstellte, war die Revolution als radikale Umwälzung in der Gesellschaft ein Verbrechen. Zwar war er sozialen Problemen gegenüber nicht taub. In seiner Jugend waren ihm in Frankreich und England scharfe soziale Differenzierungen anschaulich vorge-

---

8 Ludwig Feuerbach: Gesammelte Werke, Bd. 6, Berlin 1967, S. 4.

führt worden. Durch seine tägliche Lektüre der »Times« erfuhr er von neuen Zuspitzungen der Lage der arbeitenden Klasse gerade in den entwickelten kapitalistischen Ländern dieser Zeit. Doch seine Stellungnahme dazu erwuchs nicht aus einer Parteinahme für den sozial benachteiligten und deshalb kämpferisch eingestellten Arbeiter, sondern aus seiner ethischen Auffassung vom notwendigen Mitleid mit den von der Natur benachteiligten Menschen, eben der »Fabrikware« Mensch.

In seiner Denk- und Verhaltensweise angesichts der revolutionären Ereignisse von 1848/1849 hat Schopenhauer die Interessenlage jenes Teils des deutschen Bürgertums reflektiert, der keine abrupten und tiefgreifenden Veränderungen wünschte und sich demzufolge von den Auseinandersetzungen um die politische Macht fernhielt, weil die eigene soziale Situation keinen Druck ausübte, weil die ökonomische Bindung an das vorhandene System relativ stark war und weil die drohend heraufziehenden Auseinandersetzungen mit der Arbeiterbewegung schrecklicher erschienen als der zwar eingeengte, aber sichere Hort im junkerlich-feudalen Herrschaftsrahmen. Mit Nachdruck warnte Schopenhauer vor dem Wachstum von Kräften aus der arbeitenden Klasse und malte ein düsteres Bild davon, wie »in England unter verdorbenen Fabrikarbeitern die Sozialisten und in Deutschland unter verdorbenen Studenten die Junghegelianer«[9] an verderblichem Einfluß gewännen. Für den Philosophen war es ein schrecklicher Gedanke, sich die »große schwere Masse« in rascher Bewegung vorzustellen, »zumal wenn man dabei erwägt, was alles sie bei ihren Wendungen fortreißen und umstoßen würde«.[10] Man ver-

9 Arthur Schopenhauer: Die Welt als Wille und Vorstellung II. In: Sämtliche Werke, B. II, S. 592

10 Arthur Schopenhauer: Parerga und Paralipomena II. In: Sämtliche Werke, Bd. V, S. 76.

gleiche diese Furcht vor radikalen Bewegungen der Massen mit der optimistischen Haltung Feuerbachs zu den Erfordernissen und den Umständen tiefgreifender gesellschaftlicher Veränderungen, einschließlich seiner Gewißheit von den vernünftigen und menschlichen Grundsätzen der Arbeiter in diesem Kampf.

Schopenhauer war der Entwicklungsgedanke in der Geschichte suspekt. Gesellschaftlicher Fortschritt wurde als Hirngespinst Hegelschen Denkens interpretiert, ebenso wie gesetzmäßige Zusammenhänge in der Weltgeschichte. Insofern gab es auch keinen Anlaß für ihn, historische Entwicklungen zu seiner Philosophie gezielt zu verarbeiten und neue Tendenzen zu beachten. Deshalb übertrug er den Gedanken der ewigen Wiederkehr des Gleichen von der Natur auf die Geschichte, in der die Völker aller Zeiten dasselbe treiben und leiden, obwohl die Geschichte etwas anderes zu erzählen vorgebe. Für Schopenhauer besteht eine Philosophie der Geschichte, sofern sie überhaupt erforderlich sei, nicht darin, »daß man die zeitlichen Zwecke der Menschen zu ewigen und absoluten erhebt und nun ihren Fortschritt dazu durch alle Verwickelungen künstlich und imaginär konstruiert; sondern in der Einsicht, daß die Geschichte nicht nur in der Ausführung, sondern schon in ihrem Wesen lügenhaft ist, indem sie, von lauter Individuen und einzelnen Vorgängen redend, vorgibt, allemal etwas anderes zu erzählen; während sie vom Anfang bis zum Ende stets nur dasselbe wiederholt unter andern Namen und in anderm Gewande.«[11]

Wer den historischen Prozeß als ewige Wiederkehr des Gleichen – nur in anderen Gestalten – auffaßt, muß natürlich den objektiven Grundlagen, den inneren Triebkräf-

---

11 Arthur Schopenhauer: Die Welt als Wille und Vorstellung II, S. 561/570.

ten und den gesellschaftlichen Ergebnissen solcher Ereignisse wie der Jahre 1848 und 1849 mit Unverständnis, Ignoranz und Gleichgültigkeit gegenüberstehen. Insofern steht Schopenhauer als Philosoph den Ereignissen dieser Zeit sprachlos gegenüber. »Die Revolution hat neue Hausnummern gemacht: das Einzige von ihr, was zu bleiben verdient,«[12] schrieb er an Frauenstädt, als er ihm seine neue Adresse »Schöne Aussicht Nr. 17« mitteilte. Mehr hatte er nicht zu sagen, d. h., als Philosoph nahm er von dieser Zeit nicht Notiz. So blieb ihm auch verborgen, daß und warum im Ergebnis der nicht konsequent zu Ende geführten bürgerlich-demokratischen Revolution eine politische und geistige Situation entstand, die ihn – Schopenhauer – zu jenem weltanschaulichen Wortführer berief, zu dem er sich schon so lange berufen fühlte.

Was Karl Marx frühzeitig durchschaute und sarkastisch mit der Bemerkung festhielt: »Als die Märzsündflut ... sich verlaufen hatte, ließ sie auf der Berliner Erdoberfläche keine Ungeheuer zurück, keine revolutionären Kolosse, sondern Kreaturen alten Stils, bürgerlich untersetzte Gestalten ...«[13], das galt auch für Schopenhauer und die endlich erfolgte Entdeckung seiner Philosophie. Daß und warum 1848 die Wende für ihn und die von ihm jahrzehntelang herbeigesehnte Popularität wurde, konnte er nicht erfassen. Er jedenfalls hatte diese Entwicklung nicht herbeigeführt; er war einfach da, er war immer noch da.

Und so wurde denn sein Gedankengebäude genutzt. Bis zu dieser Zeit stellte sein System ein Produkt dar, das eher zu spät denn zu früh entworfen worden war. Es entsprach nicht den Interessen der in dieser Zeit agierenden Kräfte;

---

12 Arthur Schopenhauer: Gesammelte Briefe, S. 266.

13 Karl Marx: Die Bourgeoisie und die Konterrevolution. In: MEW, Bd. 6, S. 106.

es fand keinen Adressaten, weil sein eigentlicher Adressat schon weiter war als sein Vor-Denker. Nun, nach 1848 wurde dies alles anders.

Der Vormarsch des Pessimismus

In einer frühen Biographie aus dem Jahre 1912 meinte der Autor O. F. Damm, daß das »ursprünglichste, eigenste Wesen« von Schopenhauer erst in den Jahren des Frankfurter Aufenthaltes »zum vollen Ausdruck« gekommen sei. Ja, er behauptete, »mit dem zunehmenden Alter entwickelte sich Schopenhauer immer mehr zum Weltweisen, zum abgeklärten, ruhigen Beobachter alles Geschehens«.[1]

Hier werden bereits die Konturen eines geschönten Schopenhauer-Bildes sichtbar, wie es der Hoch-Zeit der Schopenhauerverehrung entsprach. Zumindest zwei Fehldeutungen oder Irrtümer müssen jedoch angemerkt werden. Geht man davon aus, daß das »ursprüngliche, eigenste« Wesen eines Philosophen in seinen entscheidenden Ansichten zum Ausdruck kommt, dann prägte sich dieses Wesentliche der Anschauungen bei Schopenhauer schon sehr früh, eigentlich bereits in den Dresdner Jahren, während der Arbeit am ersten Band von »Die Welt als Wille und Vorstellung« aus. Was sich in Frankfurt dann weiterentwickelte und formte, war die Lebensweise eines ökonomisch unabhängigen Privatgelehrten. Doch das war — bezogen auf die philosophische Leistung Schopenhauers — zweitrangig.

1 O. F. Damm: Arthur Schopenhauer, Leipzig 1912, S. 195.

Der zweite Irrtum betrifft den »abgeklärten Weltweisen« und ruhigen Beobachter. Wenn sich Schopenhauer auch bemühte, eine solche Rolle zu spielen – und in den dreißiger und vierziger Jahren gab es, wohl auch mehr notgedrungen, solche Tendenzen –, so konnte er gerade im Alter, in seinem letzten Lebensjahrzehnt, diese Position nicht durchhalten. Seine beginnende Popularität, zunehmende Kontakte mit Anhängern, eine verstärkt zu beachtende Öffentlichkeit – all das genoß er nicht nur. Es veränderte auch seine Haltung; er gefiel sich stärker als weltanschauliche Autorität, denn als bloßer Beobachter. Den Verlockungen der Popularität konnte er nicht widerstehen. Mit vielfältigen Aktivitäten unterstützte er seine wachsende Bekanntheit; so tat er alles nur Erdenkliche, um seine Rolle als Modephilosoph des ausgehenden 19. Jahrhunderts vorzubereiten und diesen Wandel zu unterstützen und zu beschleunigen.

Natürlich hing es keineswegs von diesen seinen Bemühungen ab, daß und wie er populär wurde. Sein Vorrücken aus der Reserve in die vorderste Reihe des geistigen Lebens erfolgte auch nicht auf einen »höheren Ruf« hin und schon gar nicht als ein Prozeß intellektueller Entdeckung – obwohl sich das für den einzelnen natürlich in dieser Art vollzog. Vielmehr erwuchs das geistige Bedürfnis nach pessimistischen Deutungen und Wertungen der Welt, des Lebens, der Gesellschaft und des Menschen aus einem komplizierten Entwicklungsprozeß der kapitalistischen Gesellschaft in der zweiten Hälfte des 19. Jahrhunderts, in den politische, ökonomische und geistig-kulturelle Triebkräfte miteinander verwoben waren und zugleich auch gegeneinander wirksam wurden. Einerseits hatten die reaktionärsten Kräfte 1848/1849 einen politischen Sieg errungen; die liberale Bourgeoisie erlitt eine schwere Niederlage im Kampf um die politische Macht. Für die einen wurde das zu einem kaum zu überwindenden Trauma; andere legitimierten das später als kluge Vorsicht; nur wenige gewannen erneut den Mut zu historischer Initiative. Andererseits vollzog sich in den Jahren nach 1848 die stärkste kapitalistische Entwicklung. Der Prozeß der industriellen Revolution setzte sich in England und Frankreich, aber auch in Deutschland in schnellem Tempo durch. Damit formierte sich das europäische Proletariat in neuen Dimensionen. Aber auch das Bürgertum erlebte tiefgehende Differenzierungen und innere Veränderungen.

Besonders scharf prallten die unterschiedlichen Entwicklungen in Deutschland, das heißt in den verschiedenen deutschen Staaten wie Preußen, Österreich, Sachsen usw. aufeinander. Da war einmal ein weitverbreiteter Katzenjammer innerhalb des Bürgertums, ausgelöst durch die nicht bewältigte Revolution von 1848, durch den offenen Vormarsch der Reaktion und durch die massiven Aktionen der Arbeiter. »In diese dumpfe Trübsal fiel nun erlösend die Lehre Schopenhauers«, schrieb Franz Mehring.[2] Und an anderer Stelle erklärte er den Wechsel von langer Wirkungslosigkeit zu plötzlicher Modernität dieser Philosophie in erster Linie aus den veränderten politischen und damit verbundenen ideologischen Bedingungen: »Ein Menschenalter hindurch kümmerte sich niemand in Deutschland darum. Solange die deutsche Bourgeoisie noch von der Kampfstimmung ihres historischen Berufs beseelt war, wäre sie ja auch eine vollkommene Närrin gewesen, wenn sie sich aus dem Reichtum der historischen Welt, die ihr Hegel erschloß, auf Schopenhauers buddhistisches Nichts zurückgezogen hätte. Erst als sie nach dem Scheitern ihrer Revolution in den Zustand eines sehr unhistorischen Kat-

---

2 Franz Mehring: Arthur Schopenhauer. In: Philosophische Aufsätze. Gesammelte Schriften, Bd. 13, S. 150.

zenjammers geriet, wurde Schopenhauers Philosophie das Lieblingsbrevier ihrer Lebensweisheit.«[3]

Hier lag sicher ein entscheidender Grund für die plötzliche Aktualität Schopenhauers. Aber es wäre wohl zu eingleisig erklärt, wollte man diesen Aufstieg allein aus der politisch-ideologischen Situation der deutschen Bourgeoisie ableiten. Denn Schopenhauer wurde ja schnell zu einem europäischen Phänomen. Er war am Ausgang des 19. Jahrhunderts nicht schlechthin der Modephilosoph des deutschen Bürgertums, sondern wurde zu einem der prominentesten, meistgelesenen Philosophen in Europa.

Entscheidend dafür war wohl der unverkennbare Vormarsch des Pessimismus im geistigen Leben vieler europäischer Länder in der zweiten Hälfte des 19. Jahrhunderts. Nicht Schopenhauer hat diese Welle initiiert, sondern er wurde auf dieser Welle emporgetragen. Daß er ihr dann seinen Stempel aufdrückte, daß seine Art Pessimismus dominierte, hing wiederum mit seiner Fähigkeit zusammen, seine Weltsicht sowohl als systematisches Philosophieangebot wie auch als eindrucksvolle Lebensweisheit zu präsentieren. Vor allem reihte sich Schopenhauer mit einem eigenen Konzept in die aufkommende Diskussion um Fortschritt und Kulturkritik ein. »Mit Schopenhauers Philosophie war jeder Fortschrittslehre ein Riegel vorgeschoben, bevor sie sich überhaupt zu einer ernstzunehmenden Doktrin ausgebildet hatte. Das machte sie unerbeten in Zeiträumen, wo die Macht einbrechender Veränderungen im Vordergrund stand. Aber sie wurde jedes Mal wieder zu Rate gezogen, wenn die Schläuche der Revolution leer waren und die Leute des sogenannten Fortschritts das übernommene Erbe in alle Richtungen verschleudert oder sich selbst damit verköstigt hatten. Wenn sie die Welt in einem

---

3 Franz Mehring: Kant und Marx. In: Ebenda, S. 64.

Zustand zurückließen, der bejammernswerter war als der, den sie selber angetroffen hatten! Bewegte sich die Weltmisere einer neuen Talsohle zu, mußten Schopenhauers Erwägungen in Betracht gezogen werden. Von ihm war dann zu erfahren: was der ›Fortschritt‹ gibt, holt er sich von seinen Schuldnern mit Zins und Zinseszins zurück.«[4]

Die vielfältigen Ursachen für das Aufkommen und den schnellen Vormarsch des Pessimismus sind noch längst nicht alle gründlich untersucht und enthüllt. Dieser Pessimismus war ja nicht identisch mit dem Katzenjammer, von dem Mehring sprach. Er wurde zusätzlich aus anderen, mächtigen Quellen gespeist. Die nach 1850 einsetzende schnelle Entwicklung der Industrie im Zeichen der industriellen Revolution, die stürmische, aber eben extrem ungleichmäßige Bewegung der Produktivkräfte, die aufbrechenden sozialen Fragen, die sichtbar werdenden inneren Widersprüche innerhalb der Bourgeoisie – kurz die Gesamtheit der wirtschaftlichen Veränderungen galt es geistig neu zu verarbeiten und weltanschaulich neu zu bewerten. Das läßt sich an der Dynamik der bürgerlichen Gesellschaftswissenschaften dieser Zeit ebenso ablesen wie an deren innerer Differenzierung. Die weltanschauliche Gesamtsicht, bisher vom Geist der Aufklärung und eines überzeugten Fortschrittsdenkens geprägt, wandelte sich. Gegenüber einem flachen Fortschrittsoptimismus, der Fortschritt vor allem als lineare Fortschreibung verstand und die quantitative Seite der Prozesse betonte, sowie dem »Aufkläricht« des Bildungsbürgertums erhoben sich mahnende und warnende Stimmen. Statt des bedenkenlosen Vorwärts und Aufwärts wurde die Idee der Beharrung, der Wiederkehr des Gleichen, der Abkehr von der Dynamik favorisiert.

4 Horst Althaus: Friedrich Nietzsche. Eine bürgerliche Tragödie, München 1985, S. 73.

Das waren geistige Reaktionen auf die volle Durchsetzung des Kapitalismus mit allen ökonomischen, politischen, sozialen und auch kulturellen Konsequenzen. Viele Künstler nahmen die sich vertiefende Kluft zwischen bürgerlicher Idealität und Realität, zwischen Geist und Macht wahr und reagierten darauf nicht selten mit Resignation, Skeptizismus und Pessimismus. Sicher wäre es übertrieben, vom Pessimismus als dem »Zeitgeist« der zweiten Hälfte des 19. Jahrhunderts zu sprechen, denn dafür existierten zuviele gegenläufige Richtungen und Tendenzen. Aber eines kann sicher gesagt werden: Dieser Zeitgeist wurde mit geprägt von pessimistischen Grundstimmungen. Arthur Schopenhauer erschienen diese Veränderungen im geistigen Klima in einem ganz anderen Licht. Sie waren für ihn der endliche Sieg seiner Ideen. Nach jahrzehntelanger theoretischer Isolierung genoß er sichtlich seinen ständig wachsenden Bekanntheitsgrad. Besonders wichtig waren ihm seine ersten Anhänger, die fast alle außerhalb der Wissenschaften zu finden waren. Er bezeichnete sie als seine Apostel und Evangelisten, wobei er eine eigenartige Hierarchie aufbaute: Sein erster Anhänger Friedrich Ludwig Andreas Dorguth (1776–1854), in Magdeburg in Staatsdienten stehend, wurde zum »Urevangelisten«; der theoretisch aktivste, der Berliner Privatgelehrte Julius Frauenstädt (1813–1879), galt als »Erzevangelist«. Der Mainzer Richter Johann August Becker (1803–1881) galt als der »gelehrteste« Apostel, wogegen Adam Ludwig von Doß (1820–1873) den Namen des »Apostels Johannes« erhielt. Zu den begeisterten frühen Wortführern Schopenhauers zählte auch der Redakteur der Vossischen Zeitung in Berlin Ernst Otto Timotheus Lindner (1820–1867).

Wie schnell sich die Situation für Schopenhauer in seinem letzten Lebensjahrzehnt veränderte, zeigen zwei verschiedene Äußerungen von ihm. Noch 1851 schrieb er an

Frauenstädt, der die Wirkung Schopenhauers in drei Perioden eingeteilt hatte – eine Periode des Totschweigens, eine Periode der kritischen Beschäftigung mit ihm innerhalb der Philosophie und eine Periode der »Überwindung der Professorenphilosophie« –, daß er wohl diese dritte Periode nicht mehr erleben werde.[5] Schon fünf Jahre später, in einem Brief an Becker von 1856, gab er seiner Freude darüber Ausdruck, daß seine Philosophie immer mehr an Boden gewinne, »und zwar in geometrischer Proportion der Zeit«.[6]

Natürlich tat Schopenhauer alles, um diesen Siegeszug seiner Ideen voranzutreiben. Da blieb nicht viel übrig von seiner früher geäußerten Überzeugung von der stillen Wirkung seiner Ansichten. Ungeniert warb er für sich als Meister um Schüler, eben um »Schopenhauerianer«[7] und scheute sich auch nicht, sogar seinen Erzevangelisten Frauenstädt die Leviten zu lesen, als dieser einmal zu unkritisch mit Schopenhauers Gegnern umgegangen war: Er hielt ihm vor, daß Toleranz keine Aposteltugend sein dürfe und daß man ihn, Schopenhauer, nicht etwa mit Helmholtz gleichsetzen dürfe, das sei etwa ein Maulwurfshaufen neben dem Montblanc. Insgesamt fand er, »daß Sie von mir wohl hätten in einem etwas höhern Ton reden können«. Und an anderer Stelle dieses Briefes mahnte, ja drohte er fast: »Ueberhaupt sollten Sie nie vergessen, daß Ihr Hauptverdienst um Philosophie und Literatur, welches bleiben, vielleicht selbst Ihren Namen perpetuieren wird, dies ist, daß Sie zuerst, mit großem Nachdruck und seltener Beharrlichkeit, meiner Philosophie Eingang verschafft haben …«[8]

---

5 Vgl. Arthur Schopenhauer: Gesammelte Briefe, S. 255.

6 Ebenda, S. 381.

7 Vgl. ebenda, S. 320.

8 Ebenda, S. 368.

Neues hatte Schopenhauer in seinem letzten Lebensjahrzehnt nicht mehr zu sagen. In diesen fünfziger Jahren des 19. Jahrhunderts vollzogen sich in Europa Entwicklungen von internationalem Format: der Staatsstreich Napoleon III. in Frankreich, der Krimkrieg, Darwins Entdeckungen über die Entstehung der Arten, wichtige Arbeiten von Marx und Engels, aber auch Gobineaus Bemühungen um eine theoretische Begründung des Rassismus. Der Philosoph in Frankfurt verfolgte sehr wohl das Weltgeschehen, denn regelmäßige Besuche im Lesekabinett zählten zu seinem Programm. Er kannte auch die Lage im theoretisch-philosophischen Bereich, wovon nicht zuletzt seine eigene reichhaltige Bibliothek zeugte. Er beobachtete Entwicklungen und Gegentendenzen, wovon seine Äußerungen zum zeitgenössischen Materialismus Auskunft geben. Feuerbachs Positionen charakterisierte er als »plumpesten, bornirtesten Materialismus«[9], und die Arbeiten von Moleschott und Büchner hielt er für antimoralisch und gefährlich, weil ihnen »noch der rothe Lappen der Gauner-Republik aus der Tasche« hänge.[10] Voller Genugtuung und mit »hoher Befriedigung«[11] nahm er daher die politischen Repressalien gegen beide Denker – ihnen wurde das Recht auf Vorlesungstätigkeit an der Universität genommen – zur Kenntnis. Und zu Darwins Ansichten, über die er aus der »Times« informiert war, meinte er, daß sie keineswegs mit seiner eigenen Theorie verwandt seien, »sondern platter Empirismus«.[12]

Schopenhauer wußte also recht gut, was um ihn herum geschah. Er war keineswegs weltfremd. Doch er hatte zu

---

9 Ebenda, S. 270.

10 Ebenda, S. 366.

11 Ebenda, S. 369.

12 Ebenda, S. 472.

diesen Entwicklungen als Philosoph nichts mehr zu sagen. Genauer: Er sah in seinen ausgearbeiteten Positionen bereits die einzig richtige Stellungnahme für die Gegenwart und auch für die Zukunft. So erschienen also in dieser Zeit der wachsenden Wirkung und erhöhten Popularität Schopenhauers von ihm selbst keine neuen Arbeiten mehr. Er begnügte sich damit, nun endlich die jahrelang immer wieder entworfenen Vorworte für Neuauflagen – die bisher kaum möglich waren – an den Mann zu bringen. Eine Gesamtausgabe seiner Werke, an die er seit Anfang der fünfziger Jahre dachte, kam zwar nicht zustande. Sonst aber erschienen Nach- und Neuauflagen in schneller Folge: Die Arbeiten »Über das Sehn und die Farben« und »Über den Willen in der Natur« kamen 1854 in zweiter Auflage heraus, 1858 bzw. 1859 erschienen die dritten Auflagen von »Die Welt als Wille und Vorstellung« Band II und I. Eine zweite Auflage erfuhren 1860 auch die beiden »Grundprobleme der Ethik«. Nimmt man die beiden Bände »Parerga und Paralipomena« von 1851 hinzu, so kann man feststellen, daß in den Jahren zwischen 1851 und 1860 alle von Schopenhauer für den Druck gedachten Schriften herauskamen bzw. neu aufgelegt wurden. Dabei wuchs die Auflagenhöhe der einzelnen Werke ständig an. Waren die beiden Bände »Parerga und Paralipomena« noch mit 750 Exemplaren erschienen, wurden vom »Willen in der Natur« bereits 1000 Exemplare gedruckt. Und für die dritte Auflage von »Die Welt als Wille und Vorstellung« erhielt Brockhaus das Recht, bis zu 2250 Exemplaren aufzulegen, was später auch für die Neuauflage der »Grundprobleme der Ethik« vereinbart wurde. Und wie die weitere Wirkungsgeschichte zeigt, hielt dieser Trend nach dem Tode des Philosophen weiter an.

Von der schnell zunehmenden Popularität Schopenhauers zeugten die vielen Besuche, die er in den letzten Jahren erhielt, die Aufmerksamkeit, die sein 70. Geburtstag 1858 in der Presse fand, sowie ein anschwellender Briefwechsel – von den 503 Briefen, Notizen, Verträgen, die bisher publiziert wurden, stammen weit mehr als die Hälfte aus den letzten zehn Lebensjahren. 1859 wurde er von der Bildhauerin Elisabeth Ney modelliert. Schopenhauer hielt die Büste für sehr gelungen und war der Überzeugung, daß man davon 100 absetzen könnte: »Denn mein renommeé macht jetzt große Schritte.«[13]

Mit großer Akribie registrierte Schopenhauer auch jede Äußerung über seine Person und seine Werke. Symptomatisch ist die Genugtuung, mit der er die Nachricht aufnahm, daß ein Buchhändler eine komplette Bestellung aller seiner Schriften aus Batavia erhalten habe: »Endlich in Asien!«[14] Die Zeit, da er sich totgeschwiegen glaubte, war endgültig vorbei. Einige seiner Apostel – so Frauenstädt – schrieben Bücher über und für ihn; Philosophiehistoriker gingen auf seine Positionen ein und bewerteten sie – so Rosenkranz und Kuno Fischer; es meldeten sich Anhänger und Gegner immer häufiger öffentlich zu Worte. An der Universität Leipzig wurde 1856 eine Preisfrage zur Philosophie Schopenhauers ausgeschrieben.

Für den Frankfurter Philosophen vollzog sich damit eine von ihm selbst vorausgesagte Entwicklung: Sein philosophisches System setzte sich im geistigen Klima der Zeit durch. Er sah sich und sein Konzept bestätigt. Insofern hatte er keinen Grund, andere Positionen zu beziehen als vor vierzig Jahren; er mußte seine theoretischen Ansichten nicht entwickeln, er brauchte sie nur zu verbreiten. Die Zeit war reif für ihn – so sah Schopenhauer in seinen letzten Lebensjahren die Welt.

---

13 Ebenda, S. 462.
14 Ebenda, S. 453.

Obwohl er über einige Verschleißerscheinungen klagte, vor allem über das Nachlassen des Gehörs, hoffte er auf ein langes, geruhsames Leben. Davon zeugten viele Äußerungen gerade um die Jahre 1859 und 1860. An seinen Verleger Brockhaus schrieb er kurz nach Erscheinen der dritten Auflage von »Die Welt als Wille und Vorstellung«, daß er bereits an der vierten Auflage arbeite und hoffe, sie zu erleben, »indem ich glaube, daß es mit dem Absatz schneller und mit meinem Leben langsamer gehn wird, als Sie vielleicht denken«.[15]

Besonders charakteristisch für die Lebenssituation des alten Schopenhauer ist einer seiner letzten umfangreichen Briefe aus dem Jahre 1860. Am 27. April, also fünf Monate vor seinem Tod, antwortete er Ottilie von Goethe, die ihn zu seinem wachsenden Ruhm als möglicher »Philosoph des 19. Jahrhunderts« beglückwünscht hatte. Ottilie, die Schwiegertochter Goethes und langjährige Freundin von Adele Schopenhauer, der Schwester des Philosophen, war nach dem Tode ihres Mannes 1830 und ihres Schwiegervaters 1832 zweimal zu kurzen Besuchen mit Schopenhauer in Frankfurt zusammengetroffen. Sie hatte ihn auch über die schwere Krankheit seiner Schwester informiert, die im August 1849 starb. Nunmehr, so resümierte Schopenhauer, da rechts und links alles wegsterbe, lebe man immer mehr in der Erinnerung. In Ottilie von Goethe grüßte er jemanden, der ihn von Jugend an kenne und daher wisse, wonach er von Anfang an gestrebt habe. Unbescheiden wie eh und je verkündete der alte Schopenhauer, »bei solchen, wie ich, ist es ein instinktiver Trieb, ja ein dämonischer Zug, der sie leitet und auf der Bahn erhält, — unbekümmert um alles Andere. Da kann man denn am Ende etwas erleben, wenn man auch noch versteht, sehr alt zu

15 Ebenda, S. 465.

werden.«[16] Und alt werden, das wollte er, nun, da die Welt ihn endlich begriffen hatte. Wie er Ottilie mitteilte, gehe er noch täglich spazieren, besitze noch einen leichten Gang, lese ohne Brille, blase täglich seine Flöte, nur sein Gehör habe nachgelassen; er könne die Komödie nicht mehr verstehen und müsse sich daher mit der Oper begnügen.[17]

Nimmt man diesen Brief des 72jährigen Philosophen und vergleicht ihn mit jenem anmaßend-herausfordernden Schreiben, das der junge Schopenhauer im März 1818 an den Verleger Brockhaus gesandt hatte, so spürt man die gleiche geistige und charakterliche Haltung. Er ist sich treu geblieben. Vom mehr als unbescheidenen Vorgriff – »dies Buch wird später Quelle für hunderte neuer Bücher sein« –, der noch ungetrübten Hoffnung auf schnelle Anerkennung und Durchsetzung seiner Ideen im Jahre 1818 zum souveränen: »Seht – genau das ist aus mir geworden« im Jahre 1860 führte weniger eine Entwicklung als vielmehr ein langes Warten auf Veränderungen der Zeit. Zumindest für ihn, Schopenhauer, hat der Satz Gültigkeit behalten, den er im Brief an Brockhaus formuliert hatte: »Der Eindruck nämlich, welchen auf einen individuellen Geist die Welt macht, und der Gedanke, durch welchen der Geist, nach erhaltener Bildung, auf jenen Eindruck reagirt, ist allemal nach zurückgelegtem dreißigsten Jahre da, vorhanden und geschehn: alles Spätere sind nur Entwicklungen und Variationen desselben.«[18]

Wenn das für Schopenhauer tatsächlich zutrifft – und seine theoretische Entwicklung, seine Werke bestätigen es –, dann stehen die meisten Schopenhauer-Biographien eigentlich auf dem Kopf, gründen sie sich doch stark auf

---

16 Ebenda, S. 475/476.

17 Vgl. ebenda, S. 476.

18 Ebenda, S. 30.

das reichhaltige Material von Erinnerungen, Gesprächen, Briefen u. ä. aus den letzten zwei Jahrzehnten im Leben des Philosophen. Das ist aber gerade die Zeit, da er als Philosoph eigentlich schon nicht mehr arbeitet, sondern nur noch erntet. Natürlich notierte er auch weiterhin in seinen Manuskriptbüchern, die er seit 1830 führte, seine Überlegungen und Ansichten. In den von ihm so betitelten Notizheften »Adversaria« und »Cogitata«, »Pandectae« und »Spicilegia« bis hin zum letzten, dem »Senilia«[19], finden sich aber letztlich vor allem Ergänzungen, Erweiterungen, Hervorhebungen zur Gedankenwelt des früheren Werks.

Für eine biographische Erkundung, die sich der philosophischen Leistung Schopenhauers verpflichtet weiß, müssen also die Jahre bis 1818 viel detaillierter und gründlicher erschlossen werden. Daß Schopenhauer seine Popularität noch erlebte, ist unter diesem Aspekt eine Zufälligkeit und eigentlich nebensächlich, denn er brachte in diese Zeit ja als Individuum theoretisch nichts mehr ein. Insofern widerspricht es auch eigentlich dem Inhalt seines philosophischen Systems, wenn die meisten seiner Bücher, auch seiner Biographien ein Bild des »Frankfurter Weisen« ziert – zumeist die von Johann Schäfer 1859 angefertigte Fotografie oder die Daguerreotypie von 1854. Angemessener wäre es, jenes Gemälde von Ludwig Sigismund Ruhl zu zeigen, das ihn um 1815 zeigt. *Das* ist der Kopf, der das System von der Welt als Wille und Vorstellung erdachte, der die Mitleidsmoral, den Pessimismus und die Askese artikulierte.

Arthur Schopenhauer starb am 21. September 1860. Noch im Juli 1859 hatte er in der »Schönen Aussicht« Nr. 16 eine neue Wohnung bezogen, die geräumiger und

---

19 Vgl. Arthur Schopenhauer: Der handschriftliche Nachlaß in fünf Bänden. Hrsg. Arthur Hübscher, vor allem die Bände 3, 4.1. und 4.2.

komfortabler war als die seit 1843 bewohnten Zimmer in derselben Straße Nr. 17. Er hatte sich also aufs geruhsame Altwerden eingerichtet. Doch im Juni 1860 klagte er seinem Arzt Salomon Friedrich Stiebel über Atemnot; am 9. September mußte eine Lungenentzündung diagnostiziert werden. Der letzte bisher bekannte Brief von ihm stammt vom 1. September 1860. Als letzter Besucher sprach Wilhelm Gwinner (1825–1917), sein erster Biograph, den Schopenhauer zu seinem Testamentsvollstrecker bestimmt hatte und dem er seine umfängliche Bibliothek vermachte, am 18. September beim kranken Schopenhauer vor.

In seinem Testament hat Schopenhauer viele bedacht: entfernte Verwandte, seine langjährige Haushälterin Margarethe Schnepp, die ihn seit 1849 betreut hatte, seine Berliner Geliebte Caroline Richter (Medon), seinen Pudel, vor allem aber – als Universalerben, den Fonds für die preußischen Soldaten, die als Revolutionsopfer galten. Und sicher ist nicht ohne Interesse, daß es Schopenhauer gelungen war, sein kleines, stabiles Vermögen nicht nur zu erhalten, sondern erheblich zu vergrößern. Wie Edward Grisebach in seiner Lebensgeschichte Schopenhauers mitteilt, belief sich das Barvermögen Schopenhauers zuletzt auf etwa 70000 rheinische Gulden, wozu noch die Einnahmen aus einigen Leibrenten kamen, die sich der Philosoph in Paris, London und Berlin gekauft hatte.[20]

---

20 Vgl. Edward Grisebach: Schopenhauer. Geschichte seines Lebens, Berlin 1897, S. 255.

»Schopenhauer als Erzieher«

Nach dem Tode Arthur Schopenhauers nahm die Wirkung seiner Philosophie – oder besser gesagt: wichtiger Kernsätze seines Philosophierens – weiter schnell zu. Im Jahre 1888 stellte Franz Mehring fest: »Und so haftet denn auf unserer geistigen Entwicklung seit einem Menschenalter der dunkle Fleck, daß Schopenhauer der gelesenste Philosoph des deutschen Volkes ist.«[1] Aus der Sicht des zeitgenössischen Philosophiehistorikers und Schopenhauer-Anhängers, Deussen, erschien die Wirkungsgeschichte der Ideen seines Meisters natürlich in einem anderen Licht. Paul Deussen, der sich Verdienste bei der Übersetzung und Ausdeutung der indischen Philosophie erworben hat, sich um Schopenhauers Gesamtwerk bemühte und eine umfängliche Philosophiegeschichte erarbeitete, sah in Schopenhauer einen »fast übermenschlichen Genius«, dem es gelang, auf dem von Kant gelegten Grund »ein Gebäude ewiger philosophischer Wahrheit aufzurichten, welches im Einzelnen der Ergänzung und Berichtigung fähig und bedürftig sein mag, als Ganzes aber nicht veralten kann und

1 Franz Mehring: Arthur Schopenhauer. In: Philosophische Aufsätze. Gesammelte Schriften, Bd. 13, S. 151.

bestimmt ist, ein unverlierbares Besitztum der ganzen Menschheit zu werden und zu bleiben«.[2]

So gegensätzlich Schopenhauers Philosophie hier auch eingeschätzt wurde, über das Ausmaß ihrer Wirkung gab es kaum unterschiedliche Ansichten. Kein Vertreter der verschiedenen philosophischen Schulen dieser Zeit, weder Wilhelm Dilthey (1833–1911) noch Eduard von Hartmann (1842–1906), weder Eugen Dühring (1833–1921) noch Friedrich Albert Lange (1828–1875) erreichten eine solche Ausstrahlung auf das öffentliche Bewußtsein, auf das gesamte Geistesleben, auf Philosophie, Kunst und Literatur wie Arthur Schopenhauer. Wilhelm Busch (1832–1908) las in den siebziger Jahren ebenso seinen Schopenhauer –, dem er samt Pudel eine Karikatur widmete – wie Wilhelm Raabe. Die Spuren der Ideen des Denkers ziehen sich kreuz und quer durch Wissenschaft und Kunst, durch Alltagsbewußtsein und theoretisches Denken. Im Jahre 1891 lag bereits die 18. Auflage von »Die Welt als Wille und Vorstellung« vor. »In der sich verstärkenden Rezeption Schopenhauers manifestierte sich jetzt die Überzeugung, daß ›Materialismus‹, ökonomischer Aufschwung und bürgerliche Lebensweise nichts als Massenunglück hervorgerufen hätten, daß die bestehende Welt eine perspektivlose und immoralische Maschine sei, in der sich die humanistischen Ideale als illusionäre ›Vorstellungen‹ erwiesen, so daß es letztlich nur einen Weg zu geben schien, die Ketten unaufhörlichen Leidens zu zerreißen: den bewußten Verzicht auf die Teilnahme am ›Weltwillen‹ durch Unterdrückung des eigenen Willens.«[3]

---

2 Paul Deussen: Neuere Philosophie von Descartes bis Schopenhauer, Leipzig 1922 (3. Aufl.), S. IX (Die 1. Auflage erschien 1917).

3 Geschichte der deutschen Literatur. Von 1830 bis zum Ausgang des 19. Jahrhunderts. Achter Band, Zweiter Halbband, Berlin 1975, S. 741.

Schopenhauers wachsender Einfluß vollzog sich nicht in erster Linie über die an den Universitäten gelehrte Philosophie, über seine »Fachdisziplin«, sondern seine aktivsten Anhänger und Propagandisten in dieser Zeit kamen aus den Reihen der Künstler, Schriftsteller und aus anderen Teilen der Intelligenz. Erst schrittweise mußte er sich die Katheder der philosophischen Fakultäten erobern. Und daß es dabei nicht nur Verfechter der Willensmetaphysik Schopenhauers gab, sondern auch Skeptiker und heftige Gegner, das zeigte sich an vielen Arbeiten über, für und wider Schopenhauer, die in dieser Zeit entstanden.

Eduard Zeller (1814–1908) schrieb in seiner Philosophiegeschichte aus dem Jahre 1873, daß man bei Schopenhauer zwar viele fruchtbare Gedanken finde, daß seine Philosophie als Ganzes, als System »im besten Fall eine geistreiche Paradoxie« darstelle.[4] Und der einflußreiche Philosophiehistoriker Kuno Fischer kam in seinem neunten Band der »Geschichte der neuern Philosophie«, der allein Schopenhauer gewidmet ist, zu der globalen Einschätzung, daß der Philosoph seinen Weltruf, der sich seit Mitte des Jahrhunderts zu zeigen beginne, weder seinen »tiefen Ideen« noch seinen »schriftstellerischen Vorzügen« zu verdanken habe, sondern »dem *pessimistischen* Charakter seiner Philosophie«.[5]

Arthur Schopenhauer avancierte zum Modephilosophen – zumindest in Deutschland. Der Vormarsch seiner Ansichten vollzog sich bis zur Jahrhundertwende mit stetig steigender Tendenz. Eine Übersicht zu Vorlesungen an deutschen Universitäten zwischen dem Wintersemester

4 Eduard Zeller: Geschichte der deutschen Philosophie seit Leibniz, München 1873, S. 894.

5 Kuno Fischer: Schopenhauers Leben, Werke und Lehre, 9. Band »Geschichte der neuern Philosophie«, Heidelberg 1898 (2. Auflage), S. 515.

1862/63 und dem Wintersemester 1888/89 zeigt neben der wachsenden Dominanz von Veranstaltungen zu Kant – von 3 auf 13 – und der totalen Ignorierung von Hegel – von drei auf null – eine gemessen an Kant zwar maßvolle, aber doch stetige Beschäftigung – nämlich von 2 auf 4 – mit Schopenhauer.[6] Erst mit weiteren Veränderungen – dem Übergang zum monopolistischen Stadium des Kapitalismus und den damit verknüpften ökonomischen, politischen und auch geistigen Entwicklungen im kaiserlichen Deutschland – ging die breite Basis für pessimistische Welt-, Geschichts- und Lebensdeutungen zurück. Als Modephilosoph fand Schopenhauer Ergänzung, aber bald auch Ersatz in einem Denker, der sich im Eiltempo von einem Schüler und Anhänger zum Kritiker und »Überwinder« Schopenhauers entwickelte: Friedrich Nietzsche (1844–1900).

Es geht hier nicht um eine ausführliche Wirkungsgeschichte der Philosophie Arthur Schopenhauers, ebensowenig darum, das Phänomen Nietzsche zu charakterisieren. Was hier ein wenig ausführlicher betrachtet werden soll, ist die Beziehung von Schopenhauer und Nietzsche. Dabei soll es vor allem um die Frage gehen, wie denn der »Meisterschüler« Nietzsche zu Schopenhauer stand, was schopenhauerianisch an Nietzsches Denken war und blieb.

Nietzsche lernte 1865 Schopenhauers Werk »Die Welt als Wille und Vorstellung« mehr zufällig kennen, als er sein Philologie-Studium von Bonn nach Leipzig verlegte. Einige Zeit später beschrieb er den Eindruck Schopenhauers auf ihn wie eine Art Urerlebnis: »Hier war jede Zeile, die Entsagung, Verneinung, Resignation schrie, hier sah ich einen Spiegel, in dem ich Welt Leben und eigen Gemüt in ent-

---

6 Vgl. Klaus Christian Köhnke: Entwicklung und Aufstieg des Neukantianismus, Frankfurt a. M. 1986, S. 610/611.

setzlicher Großartigkeit erblickte. Hier sah mich das volle interesselose Sonnenauge der Kunst an, hier sah ich Krankheit und Heilung, Verbannung und Zufluchtsort, Hölle und Himmel.«[7]

Schopenhauer wurde für Nietzsche zu *der* Entdeckung in der zeitgenössischen Philosophie. In seinen frühen Arbeiten stützte er sich häufig auf die Autorität dieses Denkers. Wie der Nietzsche-Biograph Curt Paul Janz bemerkte, fand Nietzsche in Schopenhauer entscheidenden geistigen Rückhalt: »Nietzsche ergriff mit der ganzen Leidenschaft seines Wesens den Pessimismus Schopenhauers, der ihm zuerst den tragischen Inhalt des Lebens philosophisch offenbarte, einen Inhalt, dessen ganze Gewalt ihm mit den Mitteln der Kunst und tradiert in seiner Wissenschaft, die antike Tragödie immer wieder erschloß, immer wieder und immer weiter. Nun entfaltete sich sein Wesen in der großen gefährlichen und reichen Spannung zwischen den Polen der tragischen Erkenntnis und dem Dennoch des vorbehaltlosen Ja zum Leben, einer Spannung, aus der alle großen Leistungen des modernen Menschen erwachsen.«[8]

In der theoretischen Beziehung zu Schopenhauer zeigten sich bei Nietzsche aber bald gravierende Veränderungen. In seiner dritten »Unzeitgemäßen Betrachtung«, der er den Titel »Schopenhauer als Erzieher« gab, wandte er sich dem Thema Schopenhauer bereits aus einer anderen Sicht zu. Als er diese Arbeit 1874 fertigstellte, war er schon fünf Jahre in Basel als Professor für Philologie tätig, hatte sich geistig bereits von seiner Fachdisziplin getrennt und war

---

7 Friedrich Nietzsche: Rückblick auf meine zwei Leipziger Jahre. In: Werke, Hrsg. Karl Schlechta, Bd. III, Frankfurt a. M./Berlin 1972, S. 841.

8 Curt Paul Janz: Friedrich Nietzsche. Erster Band, München/Wien 1978, S.183.

auf dem Wege zur Philosophie, zu seinem Verständnis von Philosophie. Das prägte sich auch in der Abhandlung über Schopenhauer aus. In seiner späten autobiographischen Betrachtung »Ecce homo« (1889) erklärte er daher auch rückblickend, daß er in dieser Schrift – wie übrigens auch in der vierten »Unzeitgemäßen Betrachtung« mit dem Titel »Richard Wagner in Bayreuth« – nur von sich geredet hätte, wobei in »Schopenhauer als Erzieher«, wie Nietzsche es formulierte, »meine innerste Geschichte, mein *Werden* eingeschrieben« sei.[9] In dieser Schrift sei eigentlich nicht Schopenhauer, sondern »sein Gegensatz ›Nietzsche als Erzieher‹« zu Worte gekommen.[10] Und ganz in diesem Verständnis wird denn auch diese Arbeit des dreißigjährigen Nietzsche seither gelesen.

Hier geht es uns aber um die Sicht Nietzsches auf Schopenhauer. Und natürlich hat Nietzsche seine Position zu seinem philosophischen Vorbild, dem er nach eigenen Worten zeitweilig regelrecht verfallen war, formuliert: »Ich gehöre zu den Lesern Schopenhauers, welche, nachdem sie die erste Seite von ihm gelesen haben, mit Bestimmtheit wissen, daß sie alle Seiten lesen und jedes Wort hören werden, das er überhaupt gesagt hat. Mein Vertrauen zu ihm war sofort da und ist jetzt noch dasselbe wie vor neun Jahren. Ich verstand ihn, als ob er für mich geschrieben hätte …«[11] Mit Nachdruck hob er die intellektuelle Ehrlichkeit, die Heiterkeit sowie die Beständigkeit als jene Eigenschaften hervor, die Schopenhauer zum Philosophen und Erzieher prädestinierten. Für Nietzsche war Schopenhauer eine Natur von Erz, vergleichbar einem Beethoven, einem

9 Friedrich Nietzsche: Ecce homo. In: Werke, Bd. III, S. 562.
10 Ebenda, S. 563.
11 Friedrich Nietzsche: Unzeitgemäße Betrachtung. Drittes Stück: Schopenhauer als Erzieher. In: Werke, Bd. I, S. 295.

Goethe oder Wagner. Nur so habe er dem Druck der Vereinsamung standhalten können, wie kaum ein anderer von seinem Genius überzeugt. »Er war ganz und gar Einsiedler; kein einziger wirklich gleichgestimmter Freund tröstete ihn — und zwischen einem und keinem liegt hier, wie immer zwischen Ichts und Nichts, eine Unendlichkeit.«[12]

Nietzsche sah es als einen Vorzug der Schriften Schopenhauers an, daß man sie als »Spiegel der Zeit« benutzen könne. Und es läge nicht am Spiegel, wenn man das Zeitgemäße als eine »entstellende Krankheit« erkennen müsse. Da man durch Schopenhauer die Zeit, unsere Zeit — sagte Nietzsche —, wirklich kennenlerne, so werde man durch Schopenhauer *gegen* die Zeit erzogen. Indem Nietzsche an das Menschenbild Schopenhauers anknüpfte, wonach der Mensch »das freiwillige Leiden der Wahrhaftigkeit« auf sich nehmen müsse, zitierte er jenen Kerngedanken seines Lehrers, wonach ein glückliches Leben unmöglich sei; das Höchste, was man erreichen könne, sei ein »heroischer Lebenslauf«.

Trotz aller erkennbarer Zwischentöne spürt man die Identifikation Nietzsches mit dem Grundanliegen Schopenhauers. Er nahm ihn für sich als Philosoph und als Mensch in Anspruch. Die Beziehung zum Menschen Schopenhauer, jenem einsamen Denker, der freudlos wirkte, blieb bis zum Ende völlig intakt. Das Verhältnis zum philosophischen Konzept Schopenhauers veränderte sich in dem Maße, wie Nietzsche seine eigenen Ansichten entwickelt und ausgebaut hat. Vor allem formulierte Nietzsche seine Kritik am Pessimismus Schopenhauerscher Prägung. Er habe den Pessimismus stärker in die Tiefe gedacht als Schopenhauer, dessen pessimistisches Konzept von ihm als »romantischer Pessimismus« be- und auch abgewertet

---

12 Ebenda, S. 301.

wurde. Damit sei er, Nietzsche, zum »Pessimismus der Zukunft« vorgestoßen, den er als »dionysischen Pessimismus« bezeichnete.[13] Um dorthin zu gelangen, mußte er Schopenhauer verneinen. In diesem Zusammenhang wie auch bei der Frage nach dem Wert der Moral führte Nietzsche eine intensive Auseinandersetzung mit seinem Lehrer. Vor allem attackierte er schonungslos die »Mitleids-, Selbstverleugnungs-, Selbstopferungs-Instinkte, welche gerade Schopenhauer so lange vergoldet, vergöttlicht und verjenseitigt hatte, bis sie ihm schließlich als die ›Werte an sich‹ übrigblieben ...«[14] Nietzsches Polemik zielte auf das theoretische Selbstverständnis Schopenhauers und traf es genau. Er wurde daher kein »Schopenhauerianer«, der die Ansichten seines Meisters weitertrug, sie ausbaute und entwickelte. Er war auch kein echter »Meisterschüler«, der die Positionen Schopenhauers überwand, indem er sie dialektisch aufhob und auf einer höheren Stufe weiterentwickelte. Friedrich Nietzsche repräsentiert einen Gegensatz zu Schopenhauer, und zwar nicht nur in zweitrangigen, sondern in zentralen Problemen.

Zum Verhältnis dieser beiden Philosophen existiert eine kaum noch zu überschauende Literatur, die ihre jeweilige Spezifik zumeist daraus gewinnt, ob der Blick von Nietzsche auf Schopenhauer fällt – das ist die vorherrschende Sichtweise –, oder von Schopenhauer auf Nietzsche. Bei allen Beziehungen, die es zwischen ihnen gibt und in denen sich die neue Linie des philosophischen Denkens *mit* und *nach* dem Bruch mit der klassischen deutschen Philosophie ausdrückt, dürfen die Unterschiede und Gegensätze

13 Vgl. Friedrich Nietzsche: Die fröhliche Wissenschaft. In: Werke, Bd. II, S. 520.

14 Friedrich Nietzsche: Zur Genealogie der Moral. In: Werke, Bd. III, S. 213.

nicht verkleinert werden. Schopenhauers Philosophie entstand nach 1789, im ersten Drittel des 19. Jahrhunderts, und erfuhr danach keine wesentliche qualitative Veränderung mehr. Es handelt sich um eine — wenn auch gegenläufige — theoretische Entwicklungslinie, die mit Tausenden Fäden an Klassik und Romantik gebunden ist. Nietzsches Philosophie entstand nach 1848, ja nach 1871. Der geistige Bruch war vollzogen; er klaffte immer deutlicher auf. Neue Entwicklungen und Einflüsse, der Dynamik der kapitalistischen Entwicklung geschuldet, erfaßten alle Lebensbereiche. Sie mußten gedeutet und erklärt werden. Neue politische und soziale Kräfte, vor allem die proletarische Bewegung, formierten sich immer sichtbarer und — aus der Sicht bürgerlicher Intellektueller — auch drohender. Für das Verständnis von Schopenhauer und Nietzsche, sowohl in ihrer Ab- als auch Nachfolge und nicht zuletzt in ihrem Wechselverhältnis darf auch nicht übersehen werden, daß die Wirkungszeit und Entstehungsgeschichte bei beiden weit auseinanderklaffen. Wie wir bei Schopenhauer gesehen haben, begann seine größte Wirkung in jener Zeit, die er geistig gar nicht mehr produktiv erfaßt hat. Die hauptsächliche Schopenhauer-Welle setzte in den siebziger Jahren ein und reichte bis ins 20. Jahrhundert, zumindest bis zum ersten Weltkrieg.

Nietzsches Auffassungen begannen sich erst um die Jahrhundertwende auszubreiten und erfuhren im ersten Drittel des 20. Jahrhunderts einen ersten Höhepunkt. Zeitweilig lagen die Wirkungen beider Denker nebeneinander oder überlagerten sich. Seltener jedoch gab es ein Miteinander: Tolstois Haltung zu Schopenhauer und gegen Nietzsche ist hier recht typisch. Der russische Schriftsteller verstand bereits 1870 Schopenhauer mit seinem System als großen Denker — gegen den »schwachen« Denker Hegel; dagegen ließ er sich 1900 über die Dürftigkeit des Denkens bei Nietzsche aus, behandelte ihn als bloßen Modephilosophen und lehnte ihn für sich vehement ab.[15] Schopenhauer als philosophischer Lehrmeister und Erzieher beherrschte tatsächlich das geistige Klima im letzten Drittel des 19. Jahrhunderts. Im Unterschied zu anderen Modephilosophen — wie zum Beispiel Eduard von Hartmann in Deutschland oder Herbert Spencer in England und Amerika, die von einer für ihre Zeit unerhörten Popularität in eine kaum vorstellbare Vergessenheit gerieten — verliert er aber nicht einfach an Einfluß. Obwohl Nietzsche ihn ersetzte und zurückdrängte, blieb eine Reihe seiner Denkansätze lebendig. Insofern existiert eine weitere Wirkungsgeschichte, die zwar nicht kontinuierlich verlief, die ihre Talsohlen und Höhepunkte hatte, die aber Arthur Schopenhauer nie ganz aus dem geistigen Leben Deutschlands und der Welt des 20. Jahrhunderts verschwinden läßt.

---

15 Vgl. Lew Tolstoi: Tagebücher. Erster Band (1847—1884), Berlin 1978, S. 316; Dritter Band (1902—1910), Berlin 1978, S. 9, 46.

Vom Krisenerlebnis bis zur Postmoderne: Schopenhauer und das 20. Jahrhundert

Das zu Ende gehende 19. Jahrhundert wurde von so tiefgreifenden Veränderungen erschüttert, daß man mit gutem Recht sagen kann, daß das 20. Jahrhundert bereits in den neunziger Jahren des vorangegangenen Jahrhunderts begann. Die neue Dimension der kapitalistischen Entwicklungen erfaßte immer schneller, gründlicher und breiter alle Regionen und Bereiche. Die Monopolisierung der Wirtschaft, die Militarisierung des gesellschaftlichen Lebens, die immer härtere Kolonialpolitik, Veränderungen im geistigen Leben durch den Vormarsch reaktionärer Ideen und eine scharfe Konfrontation zwischen verschiedenen gesellschaftlichen Kräften in Politik und Ideologie, das Anwachsen der Klassenkämpfe zwischen der sich wandelnden und sich differenzierenden Bourgeoisie und der Arbeiterklasse – das alles sind Kennzeichen dieser Entwicklungen, die in allen Teilen der Welt, wenn auch in unterschiedlicher Ausprägung, auftraten. Eine solche Zeit brachte auch ein eigenes geistiges Klima hervor, einen Zeitgeist, der den Veränderungen in spezifischer Weise Ausdruck gab. Und diese neue Zeit forderte und formte auch neue Stichwortgeber, die den Geist der Zeit auf den Begriff brachten: sei es als »Aufstand der Massen«, den der spanische Philosoph

José Ortega y Gasset (1883–1955) signalisierte; sei es als »Untergang des Abendlandes«, wie die Losung Oswald Spenglers (1880–1936) lautete. Zuallererst aber war das die große Zeit des Friedrich Nietzsche,[1]

Arthur Schopenhauers Denken hatte zwar vieles auf diesem Wege vorausgesagt und auch manches freigemacht für den Vormarsch eines dem imperialen Anspruch der Bourgeoisie entsprechenden Denkens. Aber zu einem der geistigen Wortführer oder gar zu *dem* Philosophen dieser Zeit konnte er nicht werden. Für die Phase des imperialistischen Aufbruchs erwiesen sich seine Ansichten als nicht offensiv genug, als zu nüchtern, ja zu realistisch. Es ist daher zu kurzschlüssig und widerspricht den Tatsachen, wenn man in heutigen Bewertungen Schopenhauers Konzept »eine Philosophie der äußersten Reaktion« nennt und dieser Philosophie einen »bis zum Irrwitz getriebenen Irrationalismus« unterstellt.[2] Da trafen Autoren zu Beginn unseres Jahrhunderts wohl abgewogenere Urteile, auch aus kritischer Haltung zu Schopenhauer heraus. In einer für das geistige Klima der neunziger Jahre kennzeichnenden Arbeit, die sich mit dem Pessimismus auseinandersetzte, wurde Schopenhauer als der Denker charakterisiert, der den Pessimismus »am kraftvollsten und originellsten, in seiner klassischen Form«[3] ausgearbeitet habe. Dem philosophischen Pessimismus wird durchaus »relative Wahrheit« zugebilligt. Jedoch greife er zu kurz und erkenne nicht die gewaltige Macht eines starken, die Gemeinschaft erfassenden Staates sowie einer von ihm ausgehenden, den Men-

1 Vgl. Heinz Malorny: Zur Philosophie Friedrich Nietzsches, Berlin 1989.

2 Vgl. Hans Bergmann: Die rechte Mission. Konservative zwischen Wunsch und Wirklichkeit, Berlin 1989, S. 62, 67.

3 Vgl. J. Friedländer/M. Berendt: Der Pessimismus im Lichte einer höheren Weltanschauung, Berlin 1893, S. 99.

schen adelnde Kunst: »Der Schopenhauersche Pessimismus ist daher in Wahrheit nichts als der Verzweiflungsschrei einer Gesellschaft, die in ihrem innersten Herzen nach einer neuen lebensvollen Gestaltung der Gemeinschaft im Staat und in der Kunst und nach einer neuen, alle Lebensgebiete umfassenden idealen Weltanschauung verlangt. Mit der Erfüllung dieser Forderung wird daher der Pessimismus, als eine in Zukunft gar nicht mehr verständliche Erscheinung, von selbst fortfallen.«[4] Wie wir heute wissen, wurde das imperialistische Machtstaatdenken durchaus nicht fertig mit dem Pessimismus; ja es entstanden neue Quellen pessimistischer Weltsicht, so daß man sich Schopenhauer auf neue Art aneignete. Allerdings geschah das erst später. Noch vor dem ersten Weltkrieg bemerkte nämlich ein Anhänger des Philosophen, der mit ihm gegen den vordergründigen Optimismus des Fortschrittsdenkens polemisierte, daß der Schopenhauerkult, der neben mancher Übertreibung auch hoffnungsvolle Blüten getragen habe, leider eingeschlafen sei.[5]

Es scheint geradezu ein Widerspruch zu sein, wenn angesichts solcher Einschätzungen und eines solchen geistigen Klimas am 30. Oktober 1911 in Frankfurt am Main die Schopenhauer-Gesellschaft gegründet wurde. Der Philosoph Paul Deussen war engagierter Begründer und erster Präsident dieser bis heute ohne Unterbrechung existierenden Philosophen-Gesellschaft. Die seit 1912 erscheinenden Jahrbücher der Gesellschaft stellen einen gewaltigen Fundus für jede wie auch immer geartete Beschäftigung mit dem Leben, dem Werk und der Wirkung des Philosophen dar.

---

4 Ebenda, S. 109/110.

5 Vgl. Gustav Weng: Schopenhauer – Darwin. Pessimismus oder Optimismus? Ein Beitrag zur Fortschrittsbewegung, Berlin 1911, S. 23.

Tatsächlich waren der Einzug Schopenhauers in die wissenschaftliche Welt und sein Auszug aus dem Zeitgeist – zumindest im Sinne der Modephilosophie – zwei Seiten einer Medaille. In dem Maße, wie er nicht mehr als Stichwort-Lieferant für einen sich pessimistisch gebärdenden Zeitgeist genutzt werden konnte, wurde er von der sachlichen philosophischen Analyse, der philosophiehistorischen Wertung erfaßt, wurden einzelne Teile seines Systems aktuell aufgearbeitet. In einer Zeit, in der immer stärker politische Ideologie gefragt und benötigt wurde, kam Schopenhauer, der auf diesem Gebiet bei aller Radikalität seines Denkens kaum zu nutzen war, in den von ihm so befürchteten Genuß, ein »akademischer Philosoph« zu werden. »Schopenhauer wird nur von der Geschichte der Philosophie und der Schopenhauer-Gesellschaft als historische Rarität konserviert«, stellte Ludwig Marcuse noch 1955 fest.[6]

Gemessen an der Popularität Schopenhauers zwischen den sechziger und den neunziger Jahren des 19. Jahrhunderts kann heute für das ganze 20. Jahrhundert festgestellt werden, daß er diesen Platz in der öffentlichen Meinung, im geistigen Leben nie wieder gefunden hat. Aber es wäre falsch, ihn auf eine Stufe zu stellen mit solchen typischen Modephilosophen wie Eduard von Hartmann (1842–1906) oder Herbert Spencer (1820–1903), die nach massiver öffentlicher Wirkung über einen gewissen Zeitraum und in bestimmten Regionen oder Ländern völlig vergessen worden sind. Arthur Schopenhauers Werk beweist Langzeitwirkung, auch und gerade in unserem Jahrhundert. Über verschiedene Kanäle, auf unterschiedlichen

6 Ludwig Marcuse: Das Gespräch ohne Schopenhauer (1955). In: Über Arthur Schopenhauer. Hrsg. Gerd Haffmans, Zürich 1977, S. 133.

Wegen wirken seine Ideen bei namhaften Philosophen wie Ludwig Wittgenstein (1889–1951) oder Max Horkheimer (1895–1973), bei Schriftstellern wie Thomas Mann oder Samuel Beckett. Sigmund Freuds psychoanalytische Ansichten sowie viele der heutigen anthropologischen und ethischen Theorien wurden durch sie beeinflußt. Sigmund Freud beispielsweise, der hervorhebt, daß er Schopenhauer erst sehr spät in seinem Leben gelesen habe, weshalb man nicht von dieser Bekanntschaft auf einen direkten Einfluß schließen könne, spricht zugleich von »weitgehenden Übereinstimmungen der Psychoanalyse mit der Philosophie Schopenhauers – er hat nicht nur den Primat der Affektivität und die überragende Bedeutung der Sexualität vertreten, sondern selbst den Mechanismus der Verdrängung erkannt ...«.[7] Es ist vor allem diese Seite der heutigen Wirkungen Schopenhauers, als geistige Anregung, als Impuls, auch als provokante Herausforderung für gegenwärtige Fragen und Probleme zu dienen, der ihn derart modern sein läßt.

Nach Meinung von Ludwig Marcuse spricht Schopenhauer die Situation des 20. Jahrhunderts weit genauer aus als mancher andere Denker, der häufiger genannt wird.[8] In eben diesem Sinne erfolgt die Rezeption seines Werkes. In einem Verzeichnis westeuropäischer und nordamerikanischer Hochschulschriften aus der Zeit zwischen 1885 bis 1985 wurden 289 Arbeiten erfaßt, die sich explizit mit Schopenhauer beschäftigten, von denen neben den 174 in Deutschland bzw. der BRD vor allem auch 33 aus den USA und 17 in Frankreich herausragen. Interessant ist auch, daß nach den ersten Wellen (1885–1905: 67 Arbei-

---

7 Sigmund Freud: Selbstdarstellung. In: Sigmund Freud: Ausgewählte Schriften, Leipzig 1985, S. 57.

8 Ludwig Marcuse: Das Gespräch ohne Schopenhauer, S. 142.

ten, 1906–1925: 85 Arbeiten) eine gewisse Flaute einsetzte (1926–1945: 38, 1946–1965: 22), während in jüngerer Zeit eine deutliche Belebung erfolgte (1966–1985: 77 Arbeiten).[9]

Welches sind die Fragen, die an Schopenhauer gerichtet werden? Wo sucht man bei ihm Anregungen oder Antworten? Natürlich ist man in den zwanziger Jahren unseres Jahrhunderts anders an Schopenhauer herangetreten als in den vierziger oder sechziger Jahren. Eine gründliche Analyse käme einer Philosophiegeschichte dieses Jahrhunderts gleich. Aber bei aller Differenzierung zwischen den Zeitabschnitten und auch verschiedenen nationalen Spezifika der Rezeption gibt es einige Probleme, bei denen man Schopenhauer immer wieder zu Rate zieht, bei denen man nicht an ihm vorbeikommt.

Zuerst muß hier das Problem der *geistigen Bewältigung von Krisenprozessen* sowie das Sich-Einrichten in der Krisensituation genannt werden. In den Turbulenzen des 20. Jahrhunderts hing das insbesondere mit dem Verständnis der Welt als reparabel oder irreparabel sowie dementsprechenden Haltungen zusammen. »Schopenhauers Philosophie mag in ihrer Durchführung nicht ohne Widersprüche sein«, meint der Philosophiehistoriker Walter Schulz. »Aufs Ganze gesehen ist seine Philosophie jedoch von einer großen Geschlossenheit. Es geht um ein Grundproblem: die Einsicht in die Negativität der Welt, und damit zusammenhängend um die Frage, welche Möglichkeit es gibt, diese Einsicht tragbar zu machen, ohne sie zu negieren. Es kommt für uns gar nicht darauf an, diese Philosophie im ganzen zu übernehmen. Wesentlich aber bleibt ein

9 Vgl. Gernot U. Gabel: Schopenhauer. Ein Verzeichnis westeuropäischer und nordamerikanischer Hochschulschriften 1885–1985, Köln 1988.

Zweifaches: Dieses ist einmal die Anerkenntnis der Tatsache der Negativität und sodann der Anspruch der Metaphysik.«[10] Für beide Aspekte bestand im Verlauf unseres Jahrhunderts immer wieder Bedarf. Das war Anlaß für ein sehr direktes Aufleben Schopenhauerscher Betrachtungen über die »Misere der Welt« wie für seine Ratschläge, damit zumindest geistig fertigzuwerden.

Eng mit dieser Problematik verknüpft ist natürlich das Konzept des *weltanschaulichen Pessimismus*, wie es von Schopenhauer in geradezu klassischer Form präsentiert wird. Seine Sichtweise auf das Leben als Leiden stellt die Grundlage dar, von der aus mit Krisen umgegangen werden kann. In diesem Sinne versteht auch Ludwig Marcuse den Philosophen als einen radikaleren Unruhestifter als Karl Marx, denn er »rebellierte nicht gegen eine Form des Lebens – sondern das Leben«[11]. Und Thomas Mann hebt als etwas Neues und sehr Zukünftiges im Bereich der Gesinnung den »pessimistischen Humanismus« bei Schopenhauer hervor: »Die Vereinigung von Pessimismus und Humanität, die geistige Erfahrung, die Schopenhauer gewährt, daß das eine das andere keineswegs ausschließt, und daß man nicht Schönredner und Menschheitsschmeichler zu sein braucht, um Humanist zu sein.«[12] Für Max Horkheimer schließlich, der ein durchaus kritisch-produktives Verhältnis zu Schopenhauer hatte, war er ein »hellsichtiger Pessimist«.[13]

10 Walter Schulz: Metaphysik und Negativität. Die Sonderstellung Schopenhauers in der Philosophie. In: Schopenhauer im Denken der Gegenwart, S. 24.

11 Ludwig Marcuse: Das Gespräch ohne Schopenhauer, S. 137.

12 Thomas Mann: Schopenhauer (1938) In: Thomas Mann: Über Arthur Schopenhauer, S. 124.

13 Max Horkheimer: Die Aktualität Schopenhauers (1960). In: Ebenda, S. 150.

Auch wenn letzthin, vor allem in den achtziger Jahren unseres Jahrhunderts, verschiedene Schopenhauer-Interpreten die Bedeutung des Pessimismus für die Wirkung dieser Philosophie herunterspielen wollen, um andere Seiten neu oder einfach aufzuwerten, so zeigt sich wohl doch recht deutlich, wie fest Schopenhauers Name mit pessimistischen Denkansätzen verknüpft ist und bleibt. Dabei darf nicht übersehen werden, daß Schopenhauer häufig nur ein Stichwort ist, hinter dem keineswegs aufgearbeitete Kenntnisse stehen. Man signalisiert dann lediglich ein Oberflächenwissen, um damit augenzwinkernd auf seine Ansichten von »den Weibern« zu verweisen, pauschal seinen Stil zu loben, sein Geniekonzept zu preisen oder allgemein über Askese zu reden. Aber auch bei diesem Umgang mit Schopenhauer taucht stets — wenn auch oft in verballhornter Weise — der Pessimismus auf.

Überblickt man das 20. Jahrhundert unter dem Gesichtspunkt der direkten Wirkung Schopenhauers auf das europäische, vor allem aber auf das deutsche geistige Leben, so kann man zumindest drei deutlich unterscheidbare Phasen erkennen. Im ersten Drittel unseres Jahrhunderts wirkten seine Ansichten noch intensiv in der Philosophie — durch das lebensphilosophische Konzept, durch die Existenzphilosophie und durch die Nietzsche-Verehrung. Herbert Schnädelbach stellt in seiner Philosophiegeschichte »Philosophie in Deutschland 1831—1933« sogar fest, »daß die Geschichte der Lebensphilosophie im wesentlichen mit der Wirkungsgeschichte Schopenhauers zusammenfällt«[14]. Seine Ansichten wirkten aber auch in Kunst und Literatur, vor allem über jene Repräsentanten, die noch vom Schopenhauer-Kult des 19. Jahrhunderts berührt worden waren.

---

14 Horst Schnädelbach: Philosophie in Deutschland 1831—1933, Frankfurt a. M. 1983, S. 177.

Von den dreißiger Jahren bis zum Ende der sechziger Jahre fristete Schopenhauer – allerdings aus unterschiedlichen Gründen – zumeist ein Dasein als Gegenstand magerer philosophiehistorischer Debatten. Noch zum 100. Todestag 1960 schrieb der Philosophiehistoriker Hans M. Wolf: »Er ist zum Klassiker geworden, der viel gepriesen, aber nur noch wenig gelesen wird. Seine Sprache ist uns fremd geworden, viele der Probleme, um die sein Denken kreist, sind veraltet, kurzum, wir lesen Schopenhauer heute nicht mehr, weil wir von ihm Antwort auf uns beziehende Probleme erwarten, sondern in erster Linie aus historischem Interesse.«[15]

Mit den siebziger Jahren änderte sich die Situation. Die philosophische Rezeption Schopenhauers nahm in großen Schritten zu und erreichte in den achtziger Jahren eine größere Öffentlichkeit. Die Aktivitäten zum 200. Geburtstag des Philosophen belegten das mit Nachdruck: von Monographien, Neuausgaben seiner Werke über wissenschaftliche Veranstaltungen und eine Flut von Artikeln bis zur würdigenden Briefmarke bei der Post der Bundesrepublik Deutschland reicht die Palette.[16] Auf dem Kongreß der »In-

15 Hans M. Wolf: Arthur Schopenhauer. Hundert Jahre später, Bern/München 1960, S. 108.

16 Einige Publikationen der letzten Zeit seien genannt. Karl Pisa: Schopenhauer, Wien 1977. – Ludger Lütkehaus: Schopenhauer. Metaphysischer Pessimismus und »soziale Frage«, Bonn 1980. – Wolfgang Schirmacher (Hrsg.): Zeit der Ernte, Stuttgart 1982. – Wolfgang Weimer: Schopenhauer, Darmstadt 1982. – Arthur Hübscher: Schopenhauer – Denker gegen den Strom, Bonn 1982. – Volker Spierling (Hrsg.): Materialien zu Schopenhauers »Die Welt als Wille und Vorstellung«, Frankfurt a. M. 1983. – Volker Spierling (Hrsg.): Schopenhauer im Denken der Gegenwart, München 1987. – Rüdiger Safranski: Schopenhauer und die wilden Jahre der Philosophie, München/Wien 1987. – Alfred Schmidt: Idee und Weltwille. Schopenhauer als Kritiker Hegels, München 1988.

ternationalen Schopenhauer-Vereinigung«[17] im Mai 1988 in Hamburg vertrat dessen Präsident Wolfgang Schirmacher die Ansicht, daß die Aktualität Schopenhauers nicht nur in dessen Diagnose begründet liege, daß dies die schlechteste aller Welten sei, eine Diagnose, die Bestand habe, solange die Welt real nicht besser geworden sei. »Vor allem aber können wir von ihm lernen, selbstverantwortlich und selbstkritisch zu denken und zu handeln. Eine neue Perspektive läßt sich nur gewinnen, wenn persönliche Verantwortung wahrgenommen wird und die Ursachen der Mängel nicht auf die schlechten Verhältnisse geschoben werden. Andererseits schließt persönliche Verantwortung aus Schopenhauers Sicht radikale Selbstkritik ein.«[18] Mit solcher moderner Sicht und zeitgemäßer Schopenhauer-Rezeption geht es Schirmacher um die Erschließung der eigenwilligen Denkhaltung des Philosophen, die nach seiner Meinung geradezu vorbildlich für die Gegenwart sein könnte. Er beanspruchte Schopenhauer als Leitfigur der Postmoderne und erklärte auf dem Kongreß mit Schopenhauerscher Ironie: »Wir reden nicht über, wir sind die Postmoderne.«[19]

17 Die »Internationale Schopenhauer-Vereinigung. Forum für offenes Philosophieren e. V.« entstand 1984 als Abspaltung von der in Frankfurt a. M. ansässigen Schopenhauer-Gesellschaft. Diese stand jahrzehntelang unter der Leitung von Arthur Hübscher und war in den letzten Jahren stark überaltert. Nach dem Tode Hübschers wurde Wolfgang Schirmacher neuer Präsident und bemühte sich um eine Modernisierung, was jedoch auf den Widerstand eines Teiles der Mitglieder stieß. So kam es zur Gründung dieser neuen Schopenhauer-Vereinigung. An dem Kongreß »Schopenhauer in unserer Zeit« in Hamburg nahmen etwa 300 Wissenschaftler aus etwa 20 Ländern teil. In 26 Sektionen waren zwischen dem 24. und 27. Mai 1988 rund 160 Beiträge angekündigt.

18 Die Welt, Hamburg, 28. Mai 1988.

19 taz, Hamburg, 25. Mai 1988.

Hier wird ein zentrales Problem der anhaltenden Schopenhauer-Beschäftigung des letzten Jahrzehnts benannt: die Auseinandersetzung mit der Moderne aus der Sicht einer neuen, andersgearteten Position, oft als »Postmoderne« deklariert, in der es darum geht, Umbruchsituationen in der Welt von heute zu erfassen und weltanschaulich zumindest erst einmal mit einem Namen dingfest zu machen. Daß hierbei, insbesondere in den Bemühungen französischer Philosophen, das Denken von Friedrich Nietzsche — und auch von Martin Heidegger — eine bevorzugte Rolle spielt, ist längst sichtbar geworden. Aber auch in Arthur Schopenhauer meinen manche, einen Vor-Denker oder Ur-Großvater der heutigen Postmoderne zu erkennen, den man in Frontstellung gegen die »Meisterdenker« der Moderne, nämlich gegen Hegel und Marx, bringen könnte.

Und so schließt sich der Kreis. Der Philosoph, der in seiner Zeit gegen sie schrieb und dachte, wird heute dafür genutzt, die Gegenwart unter Berufung auf Zukünftiges in Frage zu stellen. Die Zeit Schopenhauers als *Mode-Denker* ist ein für allemal vorbei; ein *moderner Denker* ist er eigentlich nie gewesen; vielleicht hat er als *postmoderner Denker* ein zweites Leben. Aber wie dem auch sei und wohin diese Entwicklung gehen mag: Im geistigen Leben des 20. Jahrhunderts hat Schopenhauer einen, seinen festen Platz. Er sitzt nicht in der ersten Reihe und schon gar nicht auffällig in einer Loge. Aber er hockt auch nicht auf dem vierten Rang. Viel eher ist sein Platz im Kasten des Souffleurs, wo er zwar kaum gesehen wird und ihn auch nicht jeder hören kann; doch die ihn nutzen und als Stichwortgeber benötigen, geben lautstark weiter, was er vorgesagt hat.

Epilog: Arthur Schopenhauer und Karl Marx

Für das marxistische Denken stellte Arthur Schopenhauer weder in der Entstehungsphase noch in den verschiedenen Entwicklungsetappen vom 19. Jahrhundert bis zur Gegenwart einen *besonderen* Bezugspunkt, eine spezifische Herausforderung oder gar einen Brennpunkt polemischer Auseinandersetzungen dar. Das hing mit den historischen Bedingungen zusammen, aus denen die Philosophie Schopenhauers entstanden und wirksam geworden ist, mit den Problemfeldern dieser Philosophie und mit der Stellung dieses Denkens im geistigen Leben der bürgerlichen Gesellschaft über zwei Jahrhunderte hinweg. Wichtiger noch war aber die Tatsache, daß Schopenhauers Philosophie zu keiner Zeit dem militanten Kampf gegen den Marxismus diente — und wohl auch nicht dienen konnte. Was blieb, war Schopenhauer als bedeutsame und vielfältig interpretierte Gestalt der Philosophiegeschichte und Schopenhauer als Stichwortgeber und intellektueller Herausforderer der heutigen modernen Gesellschaft. In beiderlei Hinsicht hat der Marxismus noch manches zu seinem Schopenhauerbild zu erbringen.

Karl Marx und Arthur Schopenhauer waren Zeitgenossen. Getrennt durch eine Generation von dreißig Jahren, erlebten sie die Nachwirkungen der Revolutionen von 1789 und 1830 sowie die stürmischen Wellen der Revolution von 1848, aber auch die Reaktionsjahre. Beide kannten sie wichtige Zentren Europas; durch Bildungsreisen der eine, durch erzwungene Exile der andere. Beide waren vielseitig interessiert, und nicht zuletzt arbeiteten beide verbissen an einem großen Werk. All das sind jedoch nur äußere Ähnlichkeiten, keineswegs Gemeinsamkeiten von ernsthafter Bedeutung. Marx und Schopenhauer lebten in zu verschiedenen Welten, als daß die Berührungspunkte mehr denn zufällig sein konnten.

Marx waren die Positionen Schopenhauers bekannt. Bereits 1841 erinnerte ihn Karl Friedrich Köppen in einem Brief an gemeinsame Gespräche über den »verrückten Dr. Schopenhauer« und wies ihn auf dessen eben erschienene Arbeiten zur Moral hin. Wie Köppen schrieb, mache Schopenhauer Hegel »fürchterlich herunter«, und so sei das etwas für Marx, damit er eventuell auch des »pp. Schopenhauer in Ehren gedenkt«, wie es spöttisch heißt.[1] Aus den Erinnerungen der Franziska Kugelmann erfährt man sogar, daß Marx sich positiv zu Schopenhauers Ethik geäußert habe. Ob sich das »Madämchen« oder »Fränzchen«, wie Marx das damals achtjährige Mädchen gern nannte, richtig an die Gespräche ihrer Eltern mit Marx erinnert, muß dahingestellt bleiben.[2] Auf jeden Fall nutzte Marx selbst den Begriff »Schopenhauer-Philosoph« zur Charakterisierung der Denkweise von Le Verdet, einem französischen Emi-

1 Karl Friedrich Köppen an Karl Marx v. 3. 6. 1841. In: Marx-Engels-Gesamtausgabe (MEGA), Abt. III, Bd. 1, Berlin 1975, S. 361.

2 Vgl. Gespräche mit Marx und Engels, Bd. 1. Hrsg. H. M. Enzensberger, Frankfurt a. M. 1973. S. 315.

granten[3] und akzeptierte die Meinung, die Friedrich Engels 1874 in einem Brief an ihn äußerte: »Soviel ist sicher, die Rückkehr zu einer wirklich denkenden Naturanschauung ist hier in England weit ernsthafter in Gang als in Deutschland, und statt in Schopenhauer und Hartmann suchen die Leute hier Rettung wenigstens in Epikur, Descartes, Hume und Kant.«[4]

Marx hat an keiner Stelle gründlich Position zum Denken Schopenhauers bezogen, wie er überhaupt den kritischen Umgang mit der zeitgenössischen ausgesprochen bürgerlichen Philosophie gemieden hat, nachdem er seinen historisch-materialistischen Standpunkt entwickelt hatte und alles daransetzte, diese Ansicht gegen ihre direkten Kritiker zu behaupten und zu verbreiten. Wie Engels einmal an August Bebel schrieb, hätten Marx und er ihr Leben lang die angeblichen Sozialisten mehr als sonst jemand bekämpft, denn — so Engels — »die Bourgeoisie nahmen wir nur als *Klasse* und haben uns auf Einzelkämpfe mit Bourgeois fast nie eingelassen«.[5]

Von dieser Haltung her waren philosophische Systeme oder auch nur einzelne Theoreme, in denen sich Fragestellungen und Positionsbestimmungen der Bourgeoisie des 19. Jahrhunderts reflektierten, kaum von Interesse, wenn sie nicht eng mit den Entwicklungsbedingungen der Arbeiterklasse, mit den politischen Kämpfen der Zeit verbunden waren. Und eben das geschah zu Lebzeiten von Marx kaum. In diesem Sinne war Schopenhauer für Marx kein Gegenstand wissenschaftlicher Beschäftigung: weder als

---

3 Karl Marx an Paul und Laura Lafargue, 24./25. November 1871. In: Karl Marx/Friedrich Engels: Werke, Bd. 33, S. 344.

4 Friedrich Engels an Karl Marx, 21. September 1874. In: Ebenda, S. 120.

5 Friedrich Engels an August Bebel, 28. Oktober 1882. In: MEW, Bd. 35, S. 383.

Anregung oder Bereicherung, noch als Herausforderung oder Gegenstand der Polemik. Von Schopenhauer ging für das Marxsche Anliegen keine produktive Provokation aus; von dort kam aber auch kein militanter Angriff. Und für eine abstrakte philosophiehistorische Einordnung oder kontemplative kritische Beschreibung fehlten Marx sowohl das Interesse als auch die Zeit.

Doch nehmen wir an, Marx hätte Anlaß gehabt und seine Position zu Schopenhauer entworfen — was wären dann wohl seine wichtigsten Aussagen? Wie hätte Marx das hunderttorige Theben, mit dem Schopenhauer sein System verglich, be- und durchschritten? Hätte er tatsächlich bei der Ethik verweilt?

Versuchen wir uns ein solches fiktives Schopenhauerbild von Karl Marx einmal vorzustellen.

Ein Einstieg über die konkreten Bedingungen dieses Philosophierens, über das historische Umfeld, über seine Zeitbedingtheit liegt nahe. Allerdings hätte Marx keine vordergründige Aktualisierung akzeptiert, sehr wahrscheinlich hätte er der ironischen Bemerkung Schopenhauers zugestimmt, mit der dieser Kuno Fischer verspottet hat, weil der den Pessimismus Schopenhauers daraus ableitete, daß dieser in einer »desperaten und malörösen Zeit gelebt habe«.[6] Eine so direkte, unvermittelte Beziehung zwischen den ökonomischen und politischen Verhältnissen einerseits, den weltanschaulichen Ansichten andererseits hat Marx stets bekämpft. Aber daß diese Philosophie mit den Auswirkungen der Französischen Revolution von 1789 im Zusammenhang stand, hätte Marx sicher hervorgehoben. Das Theoriegebäude der »Welt als Wille und Vorstellung« bildete implizit eine philosophische Auseinandersetzung mit den geistigen Konsequenzen der durch 1789 eingeleite-

6 Arthur Schopenhauer: Gesammelte Briefe, S. 368.

ten Prozesse; es stellte eine Denkbarriere gegen einige der wichtigsten Erkenntnisse dieser Zeit dar, gegen die Idee vom gesellschaftlichen Fortschritt, gegen geschichtliche Entwicklungen. Das theoretische Konzept Schopenhauers stellte keine Unterstützung der bürgerlich-revolutionären Bewegungen seiner Zeit dar, sondern brach die Beziehung zu ihnen geradezu ab. Und doch reflektierte die Philosophie bestimmte Interessen ganz bestimmter gesellschaftlicher Kräfte. Das wäre wiederum eine Frage gewesen, der Marx nachgegangen wäre, denn ihn interessierte immer wieder aufs neue die Beziehung zwischen den politischen und den theoretischen Vertretern einer Klasse oder einer gesellschaftlichen Gruppierung.[7]

Schopenhauer artikulierte auf theoretische Weise die Interessen jener Schichten des Bürgertums, die bereits frühzeitig auf Ausgleich umd Kompromiß setzten, die keine unwägbaren Klassenschlachten um eine stabile politische Herrschaft schlagen wollten, sondern – auch aus den Erfahrungen solcher Länder wie England und Frankreich heraus – zur Zurückhaltung und Vorsicht mahnten. Was die einen vorsichtige Überlegtheit nannten, war für die anderen die Ängstlichkeit des Philisters. Wenn Schopenhauer in diesem Zusammenhang philosophisches Sprachrohr der Philister genannt wurde, so sollte man darin weniger die zeitgemäße Attacke progressiver Kräfte gegen ihn sehen, sondern den soziologischen Hinweis auf die entscheidende gesellschaftliche Quelle, aus der sein durchaus einmaliges, originales Denken gespeist wird.

Diese grundsätzliche Bestimmung kann dann auch zu Rate gezogen werden – und drückt sich zugleich auch darin aus –, wenn es um die Frage geht, wie Schopen-

---

7 Vgl. Karl Marx: Der 18. Brumaire des Louis Bonaparte. In: MEGA, Abt. I, Bd. 11, Berlin 1985, S. 124.

hauer Stellung zu den Grundfragen der Zeit bezogen hat. Hier hätte Marx die Aussagen Schopenhauers genau unter die Lupe genommen – und wohl auch klare Antworten erhalten, denn solche Grundfragen nicht zu behandeln oder zu negieren ist eben auch eine Antwort. Vor allem hätte Marx natürlich kritisiert, wie Schopenhauer mit dem Entwicklungsgedanken im Geschichtsprozeß, mit der Geschichte überhaupt und auch mit der Dialektik umging. In diesen Fragen wäre es in der Polemik sicher »hageldick« zugegangen, standen hier doch die bisherigen theoretischen Spitzenleistungen zeitgenössischen Philosophierens zur Debatte. Sie wurden von Schopenhauer zurückgenommen und sogar abgelehnt. Dagegen vor allem hätte sich die Marxsche Kritik an Schopenhauer gerichtet, weil dieser hier am deutlichsten hinter den Ansprüchen seiner Zeit zurückblieb.

Wie aber stand Schopenhauer zu Marx? Nachweisbare Aussagen über die Kenntnisnahme Marxscher Schriften existieren nicht. Doch die klare Haltung zu Ludwig Feuerbach und den Junghegelianern läßt den Schluß zu, daß Schopenhauer einen Karl Marx resolut abgelehnt hätte: seinen konsequenten Materialismus, seinen Geschichtsoptimismus, seine sozialistische Idee und die sozialistische Bewegung sowie das Konzept vom Klassenkampf. Außerdem hätte die produktiv-kritische Haltung, die Marx zu Hegel hatte, ihm wohl von vornherein Schopenhauers Verachtung eingetragen.

Doch beenden wir die fiktiven Betrachtungen und halten uns an die Fakten. Da ist vor allem die generalisierende Kritik an Schopenhauer als einem Repräsentanten der Philosophie nach 1848, wie sie Friedrich Engels in seiner »Dialektik der Natur« formuliert hat: »Das Jahr 1848, das in Deutschland sonst mit nichts fertig wurde, hat dort nur auf dem Gebiet der Philosophie eine totale Umkehr zustande gebracht ... Mit der Hegelei warf man auch die Dialektik über Bord — grade im Augenblick, wo der dialektische Charakter der Naturvorgänge sich unwiderstehlich aufzwang, wo also nur die Dialektik der Naturwissenschaft über den theoretischen Berg helfen konnte — und verfiel damit wieder hülflos der alten Metaphysik. Im Publikum grassierten seitdem einerseits die auf den Philister zugeschnittenen flachen Reflexionen Schopenhauers und später sogar Hartmanns, andrerseits der vulgäre Reiseprediger-Materialismus eines Vogt und Büchner.«[8] An diese Einschätzung haben die meisten marxistischen Theoretiker in ihrer grundsätzlichen Bewertung Schopenhauers angeknüpft. Und diese Position ist in den vergangenen Jahrzehnten — wenn auch nicht immer vordergründig und sicher nicht öffentlichkeitswirksam genug — ausgebaut worden. Allerdings wurde dabei auch manche Einschätzung immer wieder kolportiert, ohne sie an neuen Realitäten und neuen Zeitbezügen zu überprüfen. Deutlicher gilt es zu unterscheiden zwischen philosophiehistorischer Bestimmung, Einordnung und dementsprechender Wertung Schopenhauers auf der einen Seite und der Wirkung und aktuellen Nutzung seiner Auffassungen auf der anderen Seite.

Fest steht, daß die Wirkung Schopenhauers in jüngster Zeit etwas zu tun hat mit den verschiedenen sozialen und geistigen Krisenprozessen, mit der Problematik einer umfassenden Zivilisationskrise.

Ganz in diesem Sinne schrieb Alfred Schmidt, daß uns Schopenhauers Themen näher auf den Leib gerückt seien, als uns das lieb wäre und daß das etwas zu tun habe mit der »geistigen Ratlosigkeit dieser Zeit«.[9] Und Wolfgang

8 Friedrich Engels: Dialektik der Natur (Chronologische Anordnung) In: MEGA, Abt. I, Bd. 26, Berlin 1985, S. 168/169.

9 Alfred Schmidt: Unbestechlicher Blick ins Herz der Welt. In: Frankfurter Allgemeine Zeitung, Frankfurt a. M., 20. Februar 1988, Beilage, S. 1.

Schirmacher vertritt die Meinung, am Ende des 20. Jahrhunderts werde es immer schwieriger, die große Illusion, den »Schleier der Maja«, zu erzeugen, so daß wir alle, ob gewollt oder ungewollt, Schopenhauer-Anhänger seien.[10]

Nun muß man mit dieser Einschätzung nicht einverstanden sein. Doch unübersehbar ist heute in unserem Lande ein diffuses Krisenbewußtsein. Es hat verschiedene Ursachen, und sofern es sich theoretisch artikuliert, wird es sich auf geistige Quellen besinnen, nicht zuletzt auf Arthur Schopenhauer. Deshalb gilt es, ein modernes Schopenhauer-Verständnis zu entwickeln, eine produktive Kritik zu üben, in der der Humanismus dieses Denkers auf keinen Fall zu kurz kommen sollte.

---

10 Wolfgang Schirmacher: Schopenhauers Ethik im 21. Jahrhundert. In: Schopenhauer im Denken der Gegenwart, S. 264.

Lebensdaten

1788 Arthur Schopenhauer am 22. Februar in Danzig geboren

1793 Übersiedlung der Familie Schopenhauer nach Hamburg

1797 Schopenhauers Schwester Luise Adelaida Lavinia, genannt Adele, am 12. Juni geboren

1797 Arthur reist mit seinem Vater über Paris nach Le Havre, wo er für zwei Jahre im Haus eines Geschäftsfreundes des Vaters, Grégoire de Blésimaire, lebt.

1799 Arthur kehrt nach Hamburg zurück. Er besucht die Rungesche Privatschule und erhält Flötenunterricht.

1800 Reise mit den Eltern nach Karlsbad (über Weimar, Prag, Dresden, Leipzig, Berlin)

1803–1804 Arthur bereist gemeinsam mit den Eltern Holland, England, Frankreich, die Schweiz, Österreich sowie weite Teile Deutschlands.

1805 Heimkehr nach Hamburg. Antritt einer Kaufmannslehre. Am 20. April verunglückt der Vater Heinrich Floris Schopenhauer tödlich.

1806 Die Mutter, Johanna Schopenhauer, verläßt mit der Schwester Adele Hamburg und siedelt sich in Weimar an.

1807 Arthur bricht die Kaufmannslehre ab und wird im Juni Gymnasiast in Gotha. Im Dezember übersiedelt er nach Weimar.

1809 Am 9. Oktober bezieht Arthur die Universität Göttingen.

1811 Im Herbst siedelt er nach Berlin über und hört dort Vorlesungen u. a. bei Johann Gottlieb Fichte.

1813 Schopenhauer verläßt Berlin und verfaßt in Rudolstadt seine Dissertationsschrift »Über die vierfache Wurzel des Satzes vom zureichenden Grunde«. Das Doktor-Diplom der Universität Jena erhält er am 18. Oktober. Aufenthalt in Weimar. Hier trifft Schopenhauer mehrfach mit Goethe zusammen.

1814–1818 Im Mai 1814 siedelt Schopenhauer nach einem tiefen Zerwürfnis mit der Mutter nach Dresden über, wo er sich ganz der wissenschaftlichen Arbeit widmet. Bis zum Tode der Mutter 1838 haben sich beide nicht wiedergesehen.

1815 Ausarbeitung der kleinen Abhandlung »Über das Sehn und die Farben«, die 1816 publiziert wird

1818 Im März beendet Schopenhauer sein Hauptwerk »Die Welt als Wille und Vorstellung« (I), das er bei dem Verleger Brockhaus unterbringt. Danach unternimmt er eine Reise nach Italien (Venedig, Rom, Neapel, Mailand).

1819 Rückkehr nach Deutschland, nachdem er die Nachricht vom Zusammenbruch des Bankhauses erfahren hatte, wo ein Teil seines Geldes angelegt war.

1820 Erfolgreiches Aufnahmeverfahren für eine Privatdozentur an der Berliner Universität, wobei es zu einem Disput mit Hegel kommt

1822 Zweite Reise nach Italien (Mailand, Venedig, Florenz)

1823 Schopenhauer erkrankt bei seiner Rückkehr schwer und muß fast ein Jahr in München bleiben, beginnende Taubheit auf dem rechten Ohr.

1824 Nach einer Kur in Gastein längerer Aufenthalt in Dresden

1825 Rückkehr nach Berlin

1831 Schopenhauer flieht im August vor der Cholera nach Frankfurt am Main.

1832 Längerer Aufenthalt in Mannheim

1833 Endgültige Ansiedlung in Frankfurt

1836 Schopenhauer verfaßt und veröffentlicht die Schrift »Über den Willen in der Natur«.

1838 Am 18. April stirbt die Mutter Johanna Schopenhauer in Jena.

1839 Die Preisschrift »Über die Freiheit des menschlichen Willens« wird von der Königlichen Norwegischen Societät der Wissenschaften in Drontheim gekrönt.

1840 Die an die Königliche Dänische Societät der Wissenschaften eingesandte Preisschrift »Über das Fundament der Moral« wird nicht prämiiert.

1841 Schopenhauer veröffentlicht die beiden Preisschriften unter dem Titel »Die beiden Grundprobleme der Ethik«.

1843 Umzug in Frankfurt, in eine Wohnung am rechten Mainufer (»Schöne Aussicht Nr. 17«)

1844 Fertigstellung der Ergänzungen zum Hauptwerk in »Die Welt als Wille und Vorstellung« (II). Beide Bände erscheinen bei Brockhaus.

1847 Eine 2. Auflage der Dissertation »Über die vierfache Wurzel des Satzes vom zureichenden Grunde« erscheint.

1849 Am 25. August stirbt Schwester Adele in Bonn.

1851 Die Sammlung »Parerga und Paralipomena« erscheint.

1854 Eine 2. Auflage der Schrift »Der Wille in der Natur« erscheint.

1858 Starke Beachtung des 70. Geburtstages des Philosophen in der Öffentlichkeit

1859 Umzug in das Haus Schöne Aussicht Nr. 16 in Frankfurt. Die 3. Auflage von »Die Welt als Wille und Vorstellung« erscheint.

1860 Am 21. September stirbt Schopenhauer.

Personenregister

Inhalt

3–